united p.c.

Kathrin Schnittker

40 Tage – 40 Jobs

Der etwas andere Berufsratgeber

D1719628

© united p.c.
in der novum publishing gmbh
Rathausgasse 73, A-7311 Neckenmarkt
office@united-pc.eu

Gedruckt in der Europäischen Union auf umweltfreundlichem, chlor- und säurefrei gebleichtem Papier.

www.united-pc.eu

Inhalt

Wie es dazu kam...

Wahrscheinlich kennt jeder mindestens eine Person, die von klein auf einen Traumberuf im Kopf hatte und in diesem; nach der entsprechenden Ausbildung oder nach dem entsprechenden Studium; glücklich und erfüllt arbeitet - und das vielleicht sogar bis zur Rente.

Aber was ist mit all den anderen?

Was ist mit uns?

Job-Ideen haben wir schon ein paar. Verschiedene Talente und Neigungen haben wir auch. Aber so richtig springt der Funke nicht über. Kein Beruf ist "der eine".

Die standardmäßige Berufsberatung ist in der Regel nicht so aufschlussreich, wie man sich wünschen würde. Manchmal verwirrt sie sogar mehr, als sie hilft.

Im Internet kann man recherchieren und bekommt oft widersprüchliche Aussagen zu den einzelnen Jobs.

Was also tun?

Aufgrund dieser Ausgangssituation entstand bei mir die Idee, möglichst viele Jobs in kurzer Zeit zu testen und darüber zu berichten, wie es wirklich ist.

Wie es ist, einen Tag mit Kindern zu arbeiten oder alte Menschen zu betreuen? Wie ist es, einen Tag lang Papiere zu sortieren oder mit verschiedenen Materialien zu arbeiten? Ausbildung oder Studium? Handwerk oder Büro? Angestellt oder selbständig?

Ich habe den Feldversuch gestartet und in einem halben Jahr, neben meinem eigentlichen Job, 40 Jobs an 40 Tagen getestet.

Für dich.

Aber auch für mich.
Denn trotz meiner inzwischen umfangreichen Berufserfahrung in den verschiedensten Bereichen und meiner zwei Ausbildungsabschlüssen und diversen Fort- und Weiterbildungen, bin auch ich noch immer nicht bei meinem Traumberuf angekommen.

Worum es geht...

An 40 einzelnen Tagen im jeweiligen Beruf erfährt man selbstverständlich nicht alles, was den Beruf in seiner vollen Breite ausmacht. Aber man bekommt eine Idee.

Eine Idee, wie es sein könnte bzw. wie es mir an diesem Tag ergangen ist.

Bei einigen Berufen durfte ich richtig mit anfassen, bei anderen war ich eher der Begleiter bzw. der Beobachter, der alle Arbeitsabläufe mitgeschrieben hat.

Also könnte auch dein Praktikumstag in einem der Berufe so aussehen, wie ich es erlebt habe. Oder eben auch etwas anders. Also teste es selbst.

Des Weiteren weise ich darauf hin, dass ich immer die Berufsbezeichnung der Person übernommen habe, mit der ich den Tag verbringen durfte. So erklärt sich der Wechsel zwischen den Geschlechtern.

... irgendwas mit Menschen

Mit Menschen hat man es in jedem Job zu tun.
Aber in diesen Berufen ist man wirklich ganz dicht dran.
Hier berührt man, kommt sich nah.
Berührungsängste sind hier fehl am Platz.

> Physiotherapeutin

> Ergotherapeutin

> Krankenpfleger

> Medizinische Fachangestellte (MFA)

> Zahnmedizinische Fachangestellte (ZFA)

> Erzieherin

> Grundschullehrerin

> Bestattungsfachkraft

Physiotherapeutin

Wenn du...

- dich für den menschlichen Bewegungsapparat begeisterst

- Menschen helfen möchtest

- keinerlei Berührungsängste hast

- empathisch und durchsetzungsstark bist

- gut mit Menschen umgehen kannst

... dann solltest du dir den Beruf der Physiotherapeutin einmal genauer anschauen.

Die Physiotherapeutin startet ihren Tag damit, sich einen Überblick über die heutigen Patienten und deren Anliegen zu verschaffen. In den einzelnen Patientenakten, die sie im PC einsieht, stehen alle wichtigen Informationen zum Patienten und zur ärztlichen Diagnose.

Heute startet sie mit einer Gruppe, in der alle Patienten Bewegungseinschränkungen oder Schmerzen im Rücken haben. Um mit den Mobilitätsübungen niemanden zu über- oder aber auch zu unterfordern, erklärt sie zuerst die einfachste Bewegung und dann die Steigerungen ebendieser. So erklärt sie immer im Wechsel die Übung und lässt dann den Patienten Zeit, diese durchzuführen.

Der zweite Termin ist ein Einzeltermin. Hier zeigt und erklärt die Physiotherapeutin dem Patienten, wie die Übungen auszuführen sind und gibt Hilfestellungen.

Beim nächsten Termin massiert sie der Patientin den oberen Rücken und den Nacken, damit die Muskelverhärtung und die Schmerzen der Patientin besser werden.

Der Patient beim vierten Termin hat eine neue Hüfte bekommen und kommt heute zum ersten Mal zur Physiotherapie. Also erfragt die Therapeutin zuerst, wie lange die OP her ist, und ob der Patient noch Schmerzen oder Probleme hat. Dann tastet sie sich langsam an die Belastungsgrenze des Patienten heran und erarbeitet mit ihm zusammen Übungen, die er zuhause auch alleine machen kann.

Im Anschluss findet wieder eine Gruppe statt, bei der die Physiotherapeutin nur Übungen für die oberen Extremitäten anleitet. Hier greift sie auf Therabänder als unterstützendes Hilfsmittel zurück.

Beim nächsten Einzeltermin führt sie bei einer Patientin eine Lymphdrainage am operierten, noch geschwollenen Bein durch. Anschließend gibt sie einem Patienten eine erste Einweisung an den hauseigenen Fitnessgeräten. Sie erklärt die Einstellungen und die Handhabung sowie die Übungen und achtet dann auf die korrekte Ausführung.

Zwischen den einzelnen Terminen hat die Physiotherapeutin immer kurze Pausen, um sich und den Behandlungsraum auf den neuen Patienten vorzubereiten und um eine kurze Dokumentation in der Patientenakte zu hinterlassen.

Ergotherapeutin

Wenn du...

- empathisch bist

- keine Berührungsängste hast

- gut mit Menschen umgehen kannst

- anderen helfen möchtest

- kreativ bist

... dann solltest du dir den Beruf der Ergotherapeutin einmal genauer anschauen.

Die Ergotherapeutin startet ihren Arbeitstag in der geriatrisch-orthopädischen Rehaklinik, indem sie ihren Tagesplan sichtet und sich auf die unterschiedlichen Patienten einstellt.

Dann startet sie mit der ersten Gruppe in die Gangschule. Hier zeigt sie den unterschiedlich mobilen Patienten, wie man z. B. korrekt mit Unterarmgehstützen Treppen steigt oder wie sich Rollatoren auf verschiedenen Untergründen gut benutzen lassen.

Der nächste Termin ist ein Einzeltermin. Hier wird dem Patienten geholfen, die Mobilität beim Laufen zu optimieren und gleichzeitig, durch Zuwerfen eines Balles, die Koordination zu fördern. Auch das Rückwärts-Gehen wird geübt.

Nun folgt wieder eine Gruppe. Hier geht es um die Mobilität der oberen Extremitäten. Schulter- und Armprobleme sowie Probleme mit der Halswirbelsäule sollen durch sachte Bewegungen verbessert werden.

Anschließend finden nacheinander zwei Einzeltermine mit Patienten statt, die unterschicdliche Probleme mit dem Laufen haben. Hier führt die Ergotherapeutin auf den Patienten zugeschnittene Mobilisierungsübungen durch.

Danach findet in einer Gruppe ein Hirnleistungstraining statt. Hier spielt die Ergotherapeutin mit den Patienten ein

Spiel, bei dem der Reihe nach, jeder Patient das erste Wort sagen soll, das ihm zu der Aussage der Therapeutin einfällt. Eine Blume mit A, ein Gemüse mit G, ein Land mit S, usw.

Im Anschluss findet eine Besprechung im gesamten therapeutischen Team statt, zu dem neben der Ergotherapeutin auch der behandelnde Arzt, eine Ernährungsberaterin, ein Psychologe und ein Physiotherapeut gehören. Hier geht es um den Reha-Verlauf der einzelnen Patienten.

Danach findet für eine Kleingruppe ein Feinmotorik-Training statt. Hier wird die Fingerfertigkeit trainiert und verbessert, in dem z.B. ein weicher Gegenstand abwechselnd zwischen den Fingern hin- und hergegeben wird.

Anschließend hat die Ergotherapeutin wieder zwei Einzeltermine mit unterschiedlich eingeschränkten Patienten und im Nachgang noch einmal eine Gruppe zur Gangschule.

Kurz vor Abschluss des Tages findet noch einmal ein Gruppentraining im

Bereich der Sturzprophylaxe statt. Hier wird erläutert und erklärt, wie man Stürze verhindert, aber die Ergotherapeutin führt auch vor, wie man sich im Falle eines Sturzes helfen kann.

Der letzte Termin des Tages ist ein Einzeltraining im Raps-Handbad. Hier darf der Patient seine Hände in warmen Rapskörnern bewegen und fördert so die Durchblutung.

Krankenpfleger

Wenn du...

- medizinisches Interesse hast

- Lust auf Abwechslung hast

- anderen gerne hilfst

- gut im Team, aber auch alleine arbeiten kannst

- empathisch bist und keine Berührungsängste hast

... dann solltest du dir den Beruf des Krankenpflegers einmal genauer anschauen.

Bevor der Arbeitstag startet, zieht sich der Krankenpfleger erst einmal seine Arbeitskleidung an. Anschließend checkt er den PC und sichtet die Patientenakten.

Dann werden die ersten Patienten für die Herzkatheteruntersuchung vorbereitet. Der Pfleger legt dem entsprechenden Patienten dazu einen Zugang für den Tropf und gegebenenfalls für Medikamente und reicht dem Patienten die OP-Bekleidung.

Schon klingelt sein Telefon, das er immer am Mann trägt. Er bekommt die Information, dass der OP-Saal bereit für den ersten Eingriff ist. Folglich holt der Pfleger den entsprechenden Patienten und bringt ihn zur Untersuchung in den OP. Dort ist bereits alles vorbereitet und die Kollegen übernehmen den Patienten.

Bis der Patient wieder abgeholt und ein weiterer gebracht werden kann, geht der Krankenpfleger zurück auf seine Station und dokumentiert am PC die Arbeitsschritte, die er für den jeweiligen Patienten getätigt hat. Anschließend nimmt der Pfleger einen neuen Patienten im PC auf, indem er die hinterlegten Fragenkataloge bearbeitet und korrekt beantwortet.

Dann geht er in die stationseigene Apotheke und stellt die Tabletten für seine Patienten zusammen. Welche das sind, entnimmt der Krankenpfleger den Patientenakten im PC.

Nun ist es Zeit für die Visite, bei der der Pfleger gemeinsam mit dem Arzt und einem mobilen Computer zu jedem einzelnen der Patienten geht und der Arzt mit diesen die Behandlungs- und Vorgehensweisen bespricht und mit dem Pfleger abstimmt. Der Pfleger dokumentiert alles in der digitalen Patientenakte.

Erneut klingelt sein Telefon und die Kollegen aus dem OP melden, dass der frisch untersuchte Patient wieder abgeholt werden kann. Also macht sich der Krankenpfleger auf den Weg zum OP.

Bei der Übergabe des Patienten erfährt er die Ergebnisse aus dem OP und der Operateur teilt ihm mit, wie lange der Patient Bettruhe halten muss und wann er nach Hause entlassen werden kann.

Mit diesen Informationen fahren Patient und Pfleger zurück auf die Station und in das Patientenzimmer. Da der Patient für den Eingriff nüchtern sein musste, fragt der Pfleger ihn nun, ob er etwas essen möchte. Der Patient bejaht dies und so besorgt der Pfleger aus der Stationsküche ein vorbereitetes Essenstablett und einen frischen Kaffee. Diesen bringt er zum Patienten. Da dieser nach der OP noch einige Zeit flach liegen bleiben muss, beschmiert der Krankenpfleger dem Patienten seine Brötchenhälften nach Wunsch und stellt dem Patienten alles griffbereit hin.

Schon ist es Zeit, den nächsten Patienten in den OP zu bringen, einen weiteren vor- und einen anderen nachzubereiten und die entsprechenden Dokumentationen zu vervollständigen.

Nachdem alle Patienten erst einmal versorgt sind, findet die Übergabe an die Kollegen der nachfolgenden Schicht statt und dann ist Feierabend.

Medizinische Fachangestellte

Wenn du...

- Blut sehen kannst

- Interesse am Aufbau des menschlichen Körpers hast

- gut mit den verschiedensten Charakteren umgehen kannst

- Einfühlungsvermögen und keine Berührungsängste hast

- keine Angst vor Fachausdrücken hast

- wenn du auch am PC arbeiten magst

- dich auch am Telefon gut verständigen kannst

- wenn dich Laborarbeit anspricht

- Teamfähigkeit besitzt und kommunikativ bist

... dann solltest du dir den Beruf der Medizinischen Fachangestellten (MFA) einmal genauer anschauen.

Bevor es morgens mit der Sprechstunde losgeht, bereitet die MFA die Behandlungszimmer vor. Hier wird Material aufgefüllt, das während des Tages benötigt wird, und da werden die Instrumente für die erste Untersuchung bereitgelegt.

Wenn dann die Türen für die Patienten geöffnet werden, organisiert und strukturiert die MFA die Abläufe. Alles beginnt mit der Anmeldung an der Rezeption. Hier erfragt die MFA bei den Patienten, mit welchem Anliegen sie gekommen sind. Ist eine Untersuchung oder ein Rezept gewünscht, so wird die Versicherungskarte eingelesen und es werden die entsprechenden Eintragungen in den PC übernommen. Stehen Blutabnahme oder andere Labortest an, wird ein passender Auftrag bzw. eine Überweisung geschrieben. Parallel zu den persönlichen Patientenkontakten muss auch das Telefon bedient werden. Die MFA sorgt nun dafür, dass die Patienten optimal versorgt werden.

An der Anmeldung beginnt die weitere Arbeit am PC, indem z. B. die Abrechnung mit den Krankenkassen vorbereitet wird, eingehende Faxe, Briefe und Mails bearbeitet werden und Material nachbestellt wird.

Die Untersuchungen der Patienten in den Behandlungsräumen werden je nach Tätigkeitsbereich entweder vom Arzt, der MFA oder von beiden zusammen durchgeführt.

Blutabnahmen, kleinere Labortätigkeiten und das Vor- und Nachbereiten der Räume liegen in der Hand der MFA. Assistenztätigkeiten, wie das Anreichen von Instrumenten oder von Material sind an der Tagesordnung.

Wenn der Patient verabschiedet ist, erfolgt wieder die Dokumentation der Behandlung am PC.

Da in vielen Praxen auf engem Raum und in kleinen Teams gearbeitet wird, ist eine gute Kommunikation miteinander aber auch mit den Patienten von großer Wichtigkeit.

Wenn die Praxis auch ambulante Operationen durchführt, so findet auch im OP die Vor- und Nachbereitung sowie die Assistenz durch die MFA statt. Je nach Fachbereich und Aus- bzw. Fortbildung der MFA sind die Aufgaben hier zu differenzieren.

Zahnmedizinische Fachangestellte

Wenn du...

- keinerlei Berührungsängste hast

- gut im Team arbeiten kannst

- empathisch bist und ein gutes Einfühlungsvermögen hast

- ein Organisationstalent bist

- flexibel bist und spontan handeln kannst

... dann solltest du dir den Beruf der Zahnmedizinischen Fachangestellten (ZFA) einmal genauer anschauen.

Bevor die ZFA morgens die Praxis für die Patienten öffnet, muss sie erst ihre Arbeitskleidung anziehen und die Behandlungszimmer vorbereiten. Also führt sie die Arbeitsschritte anhand der Hygienevorschriften durch. Anschließend schaut sie sich im PC die Patientenakte an und legt dann die entsprechenden Instrumente und eventuell benötigtes Material für die Untersuchung bereit.

So verfährt sie in allen Zimmern und öffnet dann die Türen, um die ersten Patienten einzulassen.

Sie liest an der Rezeption die Versichertenkarten ein und bittet die Patienten, im Wartezimmer Platz zu nehmen.

Dann ruft die ZFA den ersten Patienten auf und nimmt ihn mit ins Behandlungszimmer. Da laut Terminplan nur die jährliche Kontrolle ansteht, fragt sie den Patienten, ob er irgendwelche Beschwerden hat oder ob alles in Ordnung ist. Da der Patient keine Probleme hat, entfernt die ZFA erstmal den Zahnstein und holt dann den Arzt zur Untersuchung hinzu. Nun assistiert sie und gibt die Informationen des Arztes in den PC ein. Der Arzt findet keine Auffälligkeiten, verabschiedet sich vom Patienten und verlässt den Raum. Die ZFA vereinbart am PC einen neuen Termin mit dem Patienten, verabschiedet diesen und kümmert sich dann um den Raum. Die benutzten Instrumente kommen erst einmal in einen Sammelbehälter und werden dann später desinfiziert bzw. sterilisiert. Sämtliche Oberflächen werden desinfiziert und dann alles wieder für den nächsten Patienten vorbereitet.

Bei vielen Patienten geht es schnell, da nur die Vorsorgeuntersuchung gemacht wird und somit wiederholt sich das Vor- und Nachbereiten des Raumes und auch die Tätigkeiten am Patienten. Falls der Arzt feststellt, dass etwas nicht in Ordnung ist, macht die ZFA gemeinsam mit dem Patienten einen neuen Termin aus, bei dem dann z. B. eine Karies versorgt oder eine Parodontosebehandlung durchgeführt wird.

Bei einem Patienten stellt der Zahnarzt eine kleine Karies fest, die direkt versorgt wird.

Dazu holt die ZFA das entsprechende Füllungsmaterial und die vom Zahnarzt gewünschten Instrumente an den Behandlungsstuhl. Während der

Zahnarzt bohrt, hält sie den Sauger und die Wange ab. Dann reicht sie das Material an und hält anschließend zum Aushärten des Materials das UV-Licht auf die Füllung. Nach der Behandlung räumt die ZFA alles wieder auf, desinfiziert und bereitet den Raum wieder für den nächsten Patienten vor.

Zwischendurch bestellt die ZFA Material nach oder erstellt Röntgenbilder von den Zähnen der Patienten.

Dann steht eine etwas längere Behandlung an, bei der die ZFA assistiert. Eine Patientin muss an einem Zahn eine Krone bekommen. Vorbereitend stellt die ZFA eine Injektion zur örtlichen Betäubung bereit, die der Zahnarzt dann injiziert. Während die Spritze wirkt, stellt die ZFA alle erforderlichen Instrumente bereit. Dann beginnt der Arzt das Beschleifen des Zahnes und die ZFA saugt ab und hält die Wange ab, damit diese nicht verletzt wird und der Zahnarzt bessere Sicht hat. Nachdem der Zahn fertig präpariert ist, legt die ZFA Fäden und nimmt dann Abdrücke, die für die Herstellung der

Krone ins zahntechnische Labor gehen. Anschließend fertigt sie am Patienten ein Provisorium an, damit der Zahn bis zur Fertigstellung der Krone geschützt ist und die Patientin normal essen kann.

Nach vielen Patienten und am Ende des Tages räumt die ZFA alle benutzten Instrumente in den Sterilisator, führt in den Zimmern wieder alle Arbeitsschritte der Hygienevorschriften durch und desinfiziert alle Oberflächen. Dann zieht sie sich um und macht Feierabend.

Erzieherin

Wenn du...

- gerne mit kleinen Menschen zu tun hast

- kein Problem damit hast, auch mal bei der "Hausarbeit" mit anzufassen

- kreativ, verspielt und organisiert bist

- gut den Überblick behalten kannst

- auch mit Dokumentation und PC-Arbeit klar kommst

- keine Berührungsängste hast

- Lust hast, etwas Großes für die Kleinsten zu leisten

... dann solltest du dir den Beruf der Erzieherin vielleicht einmal etwas genauer anschauen.

Wenn die Kita morgens ihre Türen öffnet, wartet die Erzieherin schon auf die Kinder, die zu ihrer Gruppe gehören.

Nachdem die Kinder ihre Jacke aufgehängt und ihre Schuhe gegen Schlappen getauscht und sich von ihren Eltern verabschiedet haben, geht es mit der Butterbrotdose und der Trinkflasche bepackt in den Gruppenraum. Hier startet meistens eine freie Spielzeit, in der die Kinder unter Beaufsichtigung ihren liebsten Beschäftigungen nachgehen oder in kleinen Gruppen frühstücken.

Nach einiger Zeit gibt es dann einen Morgenkreis oder Stuhlkreis, bei dem alle in der Runde sitzen, sich begrüßen, austauschen, gemeinsam singen oder ein Spiel spielen.

Im Anschluss daran dürfen die Kinder meist noch eine Zeit spielen und/oder frühstücken.

Die Erzieherin nutzt die wenigen freien Momente, um einige Dokumentationen zu bearbeiten: z. B. welche Kinder sind anwesend? Wer bleibt wie lange? Welche Kinder bekommen Mittagessen? Hierzu dient meist der PC als Unterstützung.

Im Anschluss bietet die Erzieherin Projekte oder Bildungsangebote an, wie z. B. musikalische, kreative, ethische oder aber auch Vorschularbeit und andere. Oder es geht zum Turnen in den Bewegungsraum. Hier wird sich ordentlich ausgepowert.

Wenn es das Wetter zulässt, geht es nach draußen in die nähere Umgebung. Dann wird gemeinsam die Natur erkundet, gespielt oder gebastelt oder es werden kleinere Projekte, wie z. B. ein Kräuterbeet, gestartet.

Aufgrund der aktuellen Unterbesetzung in der Kita, hilft jeder überall mit. Während die einen Erzieherinnen in und mit den Gruppen arbeiten, bereiten andere in der Kita das Mittagessen vor, machen Wäsche (Handtücher, Lappen, Lätzchen und Co. müssen schließlich wieder sauber werden), halten Teamsitzungen ab, führen Gespräche für Neuaufnahmen und dokumentieren, was am Morgen schon alles so passiert ist oder bereiten Angebote für den Nachmittag vor.

Wenn dann alle wieder in den Gruppenräumen sind, startet die Gruppe mit den jüngsten Kindern auch schon mit dem Mittagessen. Die Erzieherin gibt dabei Hilfestellung beim Essen und Trinken, wenn dies erforderlich ist. Nach dem Essen startet die Ruhephase: die Kleinsten gehen schlafen, die anderen ruhen sich in den Gruppenräumen aus.

In dieser Zeit haben die Erzieherinnen vielfältige Aufgaben: sie wickeln Kinder oder helfen beim "auf die Toilette gehen", sie helfen beim Schlafanzug an- und ausziehen, bringen jedes Kind individuell in den Schlaf und beobachten anschließend die Schlafphase.

Auch das Vor- und Nachbereiten im Essensraum, wie z. B. das Bedienen der Spülmaschine, das Säubern der Stühle, Tische und Böden, gehört häufig zu den Aufgaben der Erzieherin.

Andere Erzieherinnen verbringen die Zeit mit den größeren Kindern. Diese hören Hörspiele, bekommen von der Erzieherin eine Geschichte vorgelesen oder beschäftigen sich mit ruhigen Spielen oder sie puzzeln.

Am Nachmittag finden dann z. B. gruppenübergreifende Angebote statt, die je nach Ausrichtung und Schwerpunkt der Kita oder der anwesenden Erzieherinnen variieren.

Bei der Betreuung der Kinder werden verschiedene Stundenkontingente angeboten, so dass ab der Mittagszeit auch schon die Abholzeit beginnt. Hier gilt es für die Erzieherin, den Überblick zu behalten. Wer darf wen abholen? Ist auch kein Kind "entwischt"?

Auch finden kurze Gespräche mit den Eltern über wichtige Informationen zum Kind oder der Organisation in der Kita statt.

Wenn nach und nach die Kinder abgeholt werden, so wird auch nach und nach die Erzieherin mit den Kindern aufräumen und diese dann in die Obhut der Eltern übergeben.

Grundschullehrerin

Wenn du...

- Kinder liebst

- kommunikativ, geduldig, belastbar und empathisch bist

- deine Stärken im Bereich Überzeugungskraft, Durchsetzungsfähigkeit und Teamfähigkeit hast

- gut erklären kannst

... dann solltest du dir den Beruf der Grundschullehrerin vielleicht einmal genauer anschauen.

Bevor der Unterricht losgeht, startet die Grundschullehrerin mit einem kurzen Blick in das Kommunikationstool und schaut kurz im Lehrerzimmer und im Sekretariat vorbei, um sich auszutauschen und um eventuell fehlende Schüler zu identifizieren.

Im Klassenzimmer angekommen, startet der eigentliche Unterrichtstag mit der Ankunft der Schüler. Diese haben je nach Eintreffen noch Zeit, um anzukommen, zum Frühstücken oder um sich mit den Klassenkameraden auszutauschen. Währenddessen beginnt die Grundschullehrerin damit, die Hausaufgaben zu kontrollieren und abzustempeln. Bei ihrem Rundgang erzählen ihr die Kinder alles, was ihnen auf der Seele brennt. Nach dem Glockenschlag beginnt der Unterricht und die Lehrerin erklärt den Tagesplan. Anschließend gibt sie einen kurzen Rückblick auf den Vortag und lässt die Schüler als Wiederholung eine Übung machen. Zur Vertiefung des Themas werden dann Übungen in Kleingruppen absolviert. Hierzu teilt die Lehrerin die Schüler in passende Gruppen ein. Im Verlauf der Unterrichtsstunde kontrolliert sie den Fortschritt, gibt Unterstützung und spornt die Kinder an. Dann ertönt der Gong und die nächste Stunde beginnt.

In der 2. Unterrichtsstunde betreut die Grundschullehrerin gemeinsam mit den Erzieherinnen des örtlichen Kindergartens ein Kennenlern-Projekt. Bei diesem Projekt lesen die Kinder der 4. Klasse den Kindergartenkindern in der Bibliothek aus verschiedenen Büchern vor und verbringen gemeinsam die Pause. Die Lehrerin übernimmt die Gruppeneinteilung und beobachtet das Geschehen. So gehen der Unterricht und die anschließende Pause ganz schnell vorbei.

Nach der Pause ist Schwimmunterricht angesagt. Hier begleitet die Lehrerin die Kinder zu den Umkleidekabinen und fordert sie zum Umziehen auf. Dann erwartet sie die Kinder am Schwimmbecken. Nach und nach kommen die Kinder ins Bad und steigen ins Wasser. Nun gibt die Lehrerin Anweisungen und erklärt die dann folgenden Übungen. Während des gesamten Unterrichts beobachtet die Lehrerin die Kinder und kommuniziert immer wieder mit ihnen, um das Training für alle schaffbar zu gestalten. Anschließend schickt sie die Kinder zum

Duschen, Anziehen und Föhnen zurück in die Umkleiden und bereitet sich selbst und das Bad für die nächste Klasse vor.

In der 4. Stunde bastelt die Lehrerin im Klassenraum mit den Kindern Geschenke für den Vater- und Muttertag. Dafür verteilt sie die benötigten Materialien und erklärt, was gemacht werden soll. Anschließend geht sie durch den Raum und gibt Hilfestellungen. Da im Anschluss noch etwas Zeit ist, wird noch ein Memory-Spiel auf Englisch gespielt. Hierzu sucht die Lehrerin zwei Freiwillige aus und schickt diese für eine kurze Zeit vor die Tür. Dann werden im Klassenraum Paare gebildet, die sich auf ein in der letzten Zeit gelerntes englisches Wort einigen, von dem einer die deutsche und einer die englische Memorykarte ist. Dann holt die Lehrerin die beiden Kinder wieder in den Raum. Und nun beginnt das Spiel, bei dem die Lehrerin nur als Moderatorin in Erscheinung tritt und den Kindern somit das Feld überlässt.

Nach dem Ende des Unterrichts für die Kinder hat die Lehrerin noch Zeit, sich um die Kommunikation mit den Eltern zu kümmern. Hier gilt es noch E-Mails zu schreiben oder Telefonate zu führen.

Bestattungsfachkraft

Wenn du...

- empathisch und emotional stabil bist

- keinerlei Berührungsängste hast

- spontan und flexibel bist

- gerne Menschen hilfst

... dann solltest du dir den Beruf der Bestattungsfachkraft einmal genauer anschauen.

Der Tag der Bestattungsfachkraft startet mit dem Teammeeting, bei dem die Ereignisse der vergangenen Nacht besprochen werden und die Aufgabenverteilung für den heutigen Tag festgelegt wird.

Dann starten die letzten Vorbereitungen für die Trauerfeier vor Ort. Dazu nimmt die Bestattungsfachkraft Blumen entgegen, platziert die Urne im frisch gelieferten Blumenkranz und fügt noch einige Blütenblätter zur Deko hinzu. Danach holt sie die speziell für diese Trauerfeier bestellten Ballons im Fachhandel ab und bringt auf dem Rückweg den Pastor mit. Anschließend nimmt sie die Trauergäste in Empfang und begleitet die Trauerfeier im Hintergrund.

Am Ende der Trauerfeier tritt die Bestattungsfachkraft nach vorne, verneigt sich vor der Urne und nimmt dann diese mitsamt dem Blumenkranz in die Hände und geht langsamen Schrittes zum Auto. Dort wird beides in eine befestigte Halterung gesetzt und ein Tuch drum herum arrangiert. Dann stellt sie sich neben den Wagen und wartet auf die Angehörigen. Als alle anwesend sind, verneigt sie sich erneut vor der Urne des Verstorbenen und schließt dann das Auto. Nach einer kurzen Fahrt zum Friedhof wartet die Bestattungsfachkraft auf die Trauergäste und trifft dann mit diesen eine kurze Absprache, wer die Urne zum Grab trägt. Langsamen Schrittes geht sie zur Grabstelle voran, legt den Blumenkranz um das Erdloch und tritt zurück, um im Hintergrund ihren Platz einzunehmen. Als der Urnenträger die Urne ins Grab hinunterlässt, lassen die Trauergäste gleichzeitig die Ballons in den Himmel steigen.

Nach dem Ende der ersten Trauerfeier geht es zurück zum Bestattungshaus. Dort stellt die Bestattungsfachkraft die Dekomaterialien für die nächste Beisetzung zusammen, lädt diese ins Auto und fährt zum Friedhof. Vor Ort angekommen holt sie den Sarg aus der Kühlung und positioniert diesen passend in die Trauerhalle. Sie stellt das Foto des Verstorbenen auf einer Staffelei neben dem Sarg auf, verteilt Kerzen und entzündet diese, nimmt Blumen und Kränze entgegen und verteilt diese und legt eine Kondolenzliste aus. Auf dem Rollwagen, der vor der Trauerhalle steht, legt die Bestattungsfachkraft die weißen Handschuhe für die Sargträger bereit und nimmt dann ihren Platz vor der Trauerhalle ein, um die Gäste in Empfang zu nehmen. Bis zum Start der Trauerfeier nimmt sie Trauerkarten entgegen, verwahrt diese und zieht sich dann zurück, um auf das Ende der Trauerfeier zu warten.

Während nach der Trauerfeier eine Kollegin mit zur Grabstelle geht, kümmert sich die Bestattungsfachkraft unter Zeitdruck um das Aufräumen der Trauerhalle, da in wenigen Minuten die nächste Trauerfeier stattfindet.

Nach der Rückkehr zum Bestattungshaus hilft die Bestattungsfachkraft den Kollegen beim Ausladen des soeben eingetroffenen Leichnams und bringt diesen in die Kühlung.

Im Büro klingelt das Telefon: eine Verstorbene kann abgeholt werden. Die Bestattungsfachkraft verlädt gemeinsam mit einer Kollegin die fahrbare Trage ins Auto und zu zweit fahren sie zur Abholung, wo sie die Trage ausladen, mit ins Haus nehmen, aber erst einmal kurz vor der Zimmertür stehen lassen. Nach dem Betreten des Zimmers verneigen sie sich vor der Toten, verharren einen Moment und holen dann die Trage ins Zimmer. Dann legen sie Handschuhe an, öffnen den Transportsack auf der Trage und nehmen das Transportbrett heraus und klappen dieses auf. Dieses wird nun von beiden Seiten unter der Toten wieder zusammengeführt und die Tote damit angehoben und im Transportsack abgelegt. Nun wird der Sack geschlossen und die Trage zurück zum Auto gerollt.

Zurück im Bestattungshaus fährt die Bestattungsfachkraft die Trage ins Kühlhaus, holt aus dem Lager einen Sarg auf einem Rollwagen und hebt dann die Verstorbene aus dem Transportsack in den Sarg und fährt diesen dann ins Kühlhaus. Anschließend desinfiziert sie alle benutzten Gegenstände.

Und so endet ihr Arbeitstag.

... irgendwas für Menschen

In diesen Berufen geht es um
Dienstleistungen und Beratungen. Man
hilft mit Fachwissen und Verständnis,
gibt Ratschläge oder Hinweise. Hier ist
man menschlich nah dran, aber physisch
eher auf Distanz.

> Rechtsanwalt und Notar

> Pharmazeutisch-technische
  Assistentin (PTA)

> Hotelfachfrau

> Kaufmann für Versicherungen und
  Finanzanlagen

> katholischer Pastor

> Akustiker

> Optiker

Rechtsanwalt und Notar

Wenn du...

- gerne mit und für Menschen arbeitest

- empathisch bist und dich gut in andere hinein- versetzen kannst

- Recht und Ordnung liebst und dich für Gesetze interessierst

- gerne zwischen verschiedenen Parteien vermittelst

- bei Vertragsabschlüssen helfen möchtest

- dich mündlich und schriftlich gut ausdrücken kannst

... dann solltest du dir den Beruf des Rechtsanwalts und des Notars einmal genauer anschauen.

Der normale Arbeitstag eines Rechtsanwalts und Notars sieht häufig so aus, dass er in einem Büroraum sitzt und dort Fälle bzw. die dazugehörigen Akten bearbeitet oder neue Akten anlegt. Hierzu sichtet er die analoge und digitale Post, führt Telefonate oder persönliche Gespräche mit Mandanten oder hält zu bestimmten Themen und Vorgängen Rücksprache mit der Sachbearbeitung oder dem Sekretariat.

Einen großen Teil des Tages verbringt der Rechtsanwalt und Notar mit der Beratung der Mandanten zu den verschiedenen Themen wie Verträge, Vollmachten und Verfügungen.

Meistens hat der Rechtsanwalt ein Fachgebiet, in dem er sich besonders zuhause fühlt. Hier wird man in der Jahresstatistik wohl die meisten Fälle verzeichnen können. Aber grundsätzlich kann der Jurist als Berater für alle Rechtsbereiche eingesetzt werden.

Dabei sind einige Referate intensiver als andere.

Wo es um Menschen geht, da geht es immer auch um Emotionen. Und so ist jeder Fall, wegen der Menschen, die damit verbunden sind, individuell und wird auch entsprechend so behandelt.

Gerade im Bereich Ehe- und Familiensachen sowie im Bereich Erbrecht können die Gefühle der Mandanten schon mal überkochen oder unterkühlen. Hier gilt es stets einen klaren Kopf zu bewahren und die Situation empathisch, aber bestimmt zu entschärfen.

Auch andere Referate können zu Spannungen zwischen Anwalt und Mandant führen. Da ein Rechtsanwalt, der in eigener Kanzlei arbeitet, aber im Normalfall selbst entscheiden darf, wen er vertritt und wen nicht, so ist auch das Ablehnen eines Mandats durchaus denkbar.

Denn das Verhältnis zwischen Anwalt und Mandant lebt vom gegenseitigen Vertrauen.

Dies ist besonders bei der Beratung und der Durchführung von notariellen Mandaten ein wichtiger Punkt, damit man bei Vertragsabschlüssen, Beurkundungen und Beglaubigungen ein gutes Gefühl hat und sich sicher sein kann, dass alles zur Zufriedenheit des Mandanten abgeschlossen wird.

Im Laufe eines Arbeitstages ergeben sich manchmal auch spontane Richtungsänderungen bei einem offenen Fall, so dass man entsprechend schnell umdenken und handeln können muss. An dieser Stelle kommen häufig die sehr wichtigen, zuarbeitenden Personen mit ins Spiel. So schreibt der Sekretariatsbereich das Diktat des Anwalts nieder und der Bereich Sachbearbeitung setzt passende Texte auf, die der Jurist im Nachgang sichtet und bei Fehlerfreiheit gegenzeichnet.

Wenn sich ein Fall nicht einvernehmlich abwickeln lässt und/oder verschiedene Parteien auf ihrem jeweiligen Standpunkt verharren, so wird es auf ein gerichtliches Verfahren hinauslaufen. Hier vertritt der Anwalt seinen Mandanten in der Hoffnung, ihm zu einer für ihn positiven Entscheidung des Gerichts zu verhelfen. Dazu ist es wichtig, sämtliche Details des Falles zu kennen und auch neue Informationen kurzfristig aufzunehmen. Ein Gespräch mit dem Mandanten oder auch ein Gespräch mit dem gegnerischen Anwalt kann hier zu Erkenntnissen führen, die im Gerichtssaal zu ausschlaggebenden Informationen werden und am Ende ein positives Urteil für den Rechtsanwalt und seinen Mandanten erwirken.

Pharmazeutisch-technische Assistentin

Wenn du...

- naturwissenschaftlich interessiert bist

- gerne kommunizierst

- hilfsbereit bist

- gerne im Team arbeitest

... dann solltest du dir den Beruf der Pharmazeutisch-technischen Assistentin (PTA) einmal genauer anschauen.

Die PTA startet ihren Arbeitstag mit der Bestückung der Kassen in der Apotheke. Dann scannt sie die Wareneingänge und sortiert die Medikamente nach Lagerware und Kundenbestellungen.

Dann fährt die PTA raus zu einem Vor-Ort-Termin, um bei einer Kundin Kompressionsstrümpfe auszumessen.

Hierzu nutzt sie ein Messbrett und ein Maßband, um an verschiedenen Stellen den Umfang des Fußes und des Unterschenkels zu messen und trägt die Werte auf dem Bestellformular ein. Zurück in der Apotheke gibt die PTA die Daten in den PC ein, um die passenden Strümpfe zu bestellen.

Dann kümmert sich die PTA um eine Bestellung einer Rezeptur, die sie selbst herstellen muss. Dazu zieht sie Schutzkleidung an und dann prüft sie die Verordnung auf die einzelnen Inhaltsstoffe und stellt diese im Labor zusammen. Sie richtet die Waage aus und kalibriert diese. Dann mischt sie die einzelnen Bestandteile nacheinander zu einer Arznei zusammen und füllt diese in eine Flasche um, die dann der Kundin ausgehändigt werden kann. Anschließend reinigt und desinfiziert die PTA alle Hilfsmittel und räumt alle Geräte und Inhaltsstoffe wieder zurück.

Nun gibt die PTA Rezepte in ihr System ein und kontrolliert die Zuweisungen der entsprechenden Medikamente auf Verfügbarkeit. Dann bereitet sie die

Medikamente zur Abholung bzw. zur Lieferung vor und bestellt fehlende im Großhandel nach.

Während des Tages klingelt das Telefon und Kunden betreten die Apotheke. Hier berät die PTA und gibt Medikamente gegen Rezepte und/oder gegen Geld heraus und berät die Kunden zu diversen gesundheitlichen Fragen.

Hotelfachfrau

Wenn du...

- gerne für und mit Menschen arbeitest

- kommunikativ bist und gut zuhören kannst

- flexibel bist und auch abends und an den Wochenenden arbeiten möchtest

- teamfähig bist aber auch alleine arbeiten kannst

- auch in stressigen Situationen ruhig bleibst

- kein Problem damit hast, den ganzen Tag auf den Beinen zu sein

... dann solltest du dir den Beruf der Hotelfachfrau einmal genauer anschauen.

Wenn die Hotelfachfrau morgens an der Rezeption ihre Stellung bezieht, schlafen einige der Gäste noch. Die ersten Frühaufsteher, die sich auf dem Weg zum Frühstück befinden, schlendern vorbei und bekommen ein Lächeln und ein "Guten Morgen" mit auf den Weg.

Während die Hotelfachfrau die Übergabe mit dem Nachtdienst macht, sich einen kurzen Überblick über die An- und Abreisen und die Verfügbarkeit der Zimmer verschafft und Kassen der Rezeption und des Restaurants prüft, erwacht das Hotel erst langsam, dann immer deutlicher zum Leben.

Nun checkt die Hotelfachfrau die E-Mails und prüft die Aufgabenliste für den Tag. Derweilen kommen immer mehr Gäste um auszuchecken, Wünsche zu äußern, Beschwerden oder Anregungen loszuwerden, Rechnungen zu begleichen oder um sich einen Bademantel oder ein Handtuch abzuholen.

Wenn gerade etwas Luft ist, kontrolliert die Hotelfachfrau die Prospekte in der Auslage, bearbeitet die Fundsachen, aktualisiert den Putzplan, räumt die Lobby auf, prüft regelmäßig den

Posteingang der E-Mails und führt Telefonate.

Dann kommen nach und nach die neuen Gäste zum Check-In. Hier gilt es zu überprüfen, ob die hinterlegten Daten des Gastes passen und ob die korrekte Zimmerkategorie bzw. das entsprechende Arrangement im System gespeichert ist. Eventuell erforderliche Änderungen und Anpassungen werden angenommen und umgesetzt.

Nach Überprüfung der hoteleigenen Software und somit der Zimmerverfügbarkeit und nach Rücksprache mit dem House-Keeping werden die Zimmer an die Gäste vergeben und so wird es nach und nach wieder etwas ruhiger an der Rezeption und die Hotelfachfrau kann die Übergabe mit der Spätschicht machen.

Kaufmann für Versicherungen und Finanzanlagen

Wenn du...

- kommunikativ bist

- gerne mit und für Menschen arbeiten möchtest

- gut zuhören kannst

- gut mit Zahlen umgehen kannst

... dann solltest du dir den Beruf des Kaufmanns für Versicherungen und Finanzanlagen einmal genauer anschauen.

Der Tag startet für den Kaufmann in den Büroräumen der Agentur.

Hier checkt er zuerst den digitalen Briefkasten und nimmt eine erste Sortierung vor.

Es gibt einige Stellungnahmen, die er schreiben muss. In einem Fall geht es um die Sanierung eines Vertrages: hier gab es zu viele Versicherungsfälle und es wird geprüft, ob eine Weiterführung des Vertrages sinnvoll ist. Für einige Fälle muss er Dokumente anfordern und weiterleiten. Andere informieren ihn nur über Änderungen wie Umzug oder Besitzerwechsel.

Dann wird die Statistik gecheckt:

Autoanmeldungen, Adressänderungen, Versicherungsanträge, Regulierungsbögen.

Welcher Kollege übernimmt welche Aufgaben?

Nachdem alles gesichtet und alle Aufgaben aufgeteilt sind, gilt der nächste Blick des Kaufmanns dem Kalender. Hier checkt er, ob heute Termine im Büro oder beim Kunden vor Ort anstehen. Da für heute nichts fest terminiert ist, startet der Kaufmann nun damit, sich um die Information seiner Kunden zu den geänderten Versicherungsbedingungen zu kümmern.

Hierzu kontaktiert er die Kunden per Telefon oder E-Mail und bittet um einen Termin, zu dem er nach Zusage die Vertragsanpassung zur Unterschrift durch den Kunden vorbereitet.

Dann klingelt sein Telefon und ein Kunde hat eine Frage zu seiner KFZ-Versicherung. Der Kaufmann erörtert nun die Diskrepanz zwischen der im Versicherungsvertrag hinterlegten Kilometerbegrenzung und den anscheinend zu viel gefahrenen Kilometern. Er hinterfragt, ob es sich um einen Tippfehler der Werkstatt handelt oder ob der Fahrer wirklich zu viel gefahren ist. Er bittet um Klärung der Situation durch die Einreichung von aussagekräftigen Unterlagen, z.B. eines TÜV-Berichts und beendet das Telefonat.

Anschließend führt der Kaufmann ein Telefonat mit der Fachabteilung des Versicherers bezüglich eines Kunden, der laut Versicherer saniert, also abgestoßen oder im Beitrag erhöht werden soll.

Hier versucht der Kaufmann für seinen Kunden eine Beitragsanpassung zu erwirken, damit der Kunde bleiben kann.

Es folgt eine kurze Diskussion zu den zurückliegenden Versicherungsfällen und zu der persönlichen Situation des Kunden. Da die Entscheidung in der Fachabteilung geprüft werden muss, kommt die Information zu diesem Fall in den nächsten Tagen in den digitalen Briefkasten. Erst dann kontaktiert der Kaufmann den Kunden und bespricht die Entscheidung mit ihm.

Die Tür der Agentur öffnet sich und ein Kunde betritt das Büro. Er benötigt ein Nummernschild und eine entsprechende Versicherung. Hier kann der Kaufmann schnell helfen, da es sich um einen Bestandskunden handelt und er entsprechend wenig Daten benötigt. Nach Aufnahme der restlichen Daten, der Unterschrift unter den Versicherungsvertrag und die Aushändigung des Nummernschildes verlässt der Kunde wieder das Büro.

Im nächsten Kundentelefonat benötigt der Kunde eine EVB-Nummer. Diese schickt der Kaufmann dem Bestandskunden direkt per Mail zu.

Im nächsten Telefonat fragt der Kunde nach dem Stand seines Kasko-Schadens. Er möchte gerne wissen, ob er aufgrund des Schadens mit einer Rückstufung rechnen muss und wie hoch seine Selbstbeteiligung ist. Hier bittet der Kaufmann um etwas Geduld, da er das Szenario erst mit der Fachabteilung besprechen muss und bietet dem Kunden einen Rückruf an.

Jetzt kümmert der Kaufmann sich wieder um seine Kunden, mit denen er wegen der geänderten Versicherungsbedingungen Termine machen muss.

Pastor

Wenn du...

- felsenfest an Gott glaubst

- gut mit Menschen umgehen kannst

- gut frei sprechen kannst

... dann solltest du dir den Beruf als bzw. die Berufung zum Pastor einmal genauer anschauen.

Der Pastor startet seinen Tag im Pfarrbüro.

Hier gibt es immer viele Mails zu beantworten, Unterschriften zu vergeben, Rechnungen abzuzeichnen, Schriftverkehr zu erledigen oder Telefonate zu führen.

Im Laufe des Vormittags finden zudem zwei längere Gespräche statt, in denen es inhaltlich um sehr persönliche

Themen geht, bei denen der Pastor der Schweigepflicht unterliegt.

Am Nachmittag finden nacheinander zwei Paschafeiern für die Kommunionkinder statt. Hier erklärt der Pastor gemeinsam mit der Gemeindereferentin den Kindern den Ablauf, die Herkunft und die Bedeutung des Paschafestes. Es wird gemeinsam gebetet, gesungen, gegessen und gelernt.

Nachdem beide Gruppen das Fest gefeiert haben, führt der Pastor noch ein etwas längeres Gespräch mit einem Gemeindemitglied, bevor er zur Pfarrgemeinderatssitzung geht.

In dieser geht es um die Belange der Gemeindemitglieder vor Ort. An diesem Abend stimmt der Pastor weitere Termine ab und fällt mit dem Pfarrgemeinderat gemeinsam Entscheidungen zur weiteren Vorgehensweise bestimmter Projekte.

Anschließend steht noch etwas Büroarbeit an, bevor der Arbeitstag endet.

Akustiker

Wenn du...

- hilfsbereit bist und gut mit Menschen umgehen kannst

- technikaffin bist

- dich gut artikulieren und deine Stimme der Situation anpassen kannst

- gut erklären, aber auch zuhören kannst

... dann solltest du dir den Beruf des Akustikers einmal genauer anschauen.

Der Hörgeräteakustiker empfängt im Laufe des Tages seine Kunden zu ihren vereinbarten Terminen, da die individuelle Beratung und auch der Hörtest in einem separaten, schallisolierten Raum stattfindet.

Der Akustiker befragt seinen Kunden nach seiner Hörsituation und nach seinen Alltagstätigkeiten und Freizeitgestaltungen, um sich ein erstes Bild machen zu können.

Anschließend wird der PC-gestützte Hörtest durchgeführt. Dazu gibt der Akustiker vorab die Kundendaten nebst Krankenkasseninformationen in sein Programm ein. Nun bekommt der Kunde einen Kopfhörer aufgesetzt. Es werden Töne in verschiedenen Frequenzen abgespielt und der Kunde gibt dem Akustiker ein Zeichen, sobald er den Ton vernimmt. Der Akustiker kann, nach absolvieren dieses Tests auf beiden Ohren, für jede Seite eine Hörkurve erstellen und anhand der vorgegebenen Standardwerte den Hörverlust benennen.

Beim ersten Durchlauf des nächsten Tests kommen einzelne Wörter aus einem Lautsprecher im Raum. Diese Wörter sollen nachgesprochen werden. Im zweiten Durchlauf dieses Tests kommt zusätzlich aus einem weiteren Lautsprecher ein Rauschen, um Alltagsgeräusche zu imitieren und um die Selektionsfähigkeit zu testen.

Nachdem diese Tests abgeschlossen wurden, sucht der Akustiker gemeinsam mit dem Kunden nach einer individuellen Lösung. Je nach Beschaffenheit des Ohres und nach der Stärke des Hörverlustes stehen verschiedene Modelle zur Verfügung. Bei Bedarf wird auch eine Ohrabformung für ein individuelles Ohrpassstück gemacht. Damit hat der Kunde hinterher einen optimalen Sitz und Klang.

Meistens muss der Kunde sich nicht sofort für ein Hörgerät entscheiden, sondern er bekommt für einige Tage Testgeräte mit nach Hause. Der Akustiker erklärt dem Kunden die Handhabung des Gerätes und lässt den Kunden das An- und Ablegen des Gerätes vor Ort testen.

Die neuesten Geräte können heute sehr präzise über eine App mit dem Smartphone oder dem PC verbunden werden und so optimal eingestellt werden. Teilweise kann der Kunde so auch die Lautstärke der Hörgeräte anpassen.

Im Anschluss wird ein neuer Termin vereinbart, an dem überprüft wird, ob der Kunde noch weitere Modelle testen möchte, oder ob das getestete Modell bereits das richtige ist.

Im Laufe des Tages finden meist mehrere Hörtests und Beratungen dieser Art statt. Zudem hat der Akustiker auch mit Reparaturen und Serviceleistungen zu tun.

Auch das Bestellen von Ersatzteilen, Materialien und Hörgeräten sowie das Schreiben von Rechnungen und das Abrechnen mit den Krankenkassen gehört zum Tagesablauf.

Optiker

Wenn du...

- gut in Mathe, Chemie und Physik bist

- Interesse an Anatomie und Physiologie besonders des Auges hast

- hilfsbereit bist

- Fingerfertigkeit besitzt

- gut mit Menschen umgehen kannst

... dann solltest du dir den Beruf des Optikers einmal genauer ansehen.

Der Optiker öffnet am Morgen seine Türen für die Termin- und die Laufkundschaft.

Im Laufe des Tages werden Schreibarbeiten erledigt, wie z. B. das Anlegen von Kundenkarteien oder das Schreiben von Rechnungen und Bestellungen. Abholbereite Brillen und

Kontaktlinsen werden sortiert und die Kunden telefonisch informiert und die Abholung terminiert, da ein Anprobieren und Anpassen der neuen Sehhilfe zum Service gehören. So kommen im Laufe des Tages Kunden zu ihren meist recht kurzen Terminen zum Abholen und Anpassen ihrer Brillen, aber auch zum Reparieren oder Nachstellen von Brillen.

Einen etwas längeren Termin braucht es für das Erstellen eines Sehtests mit dazugehöriger Beratung. Hier führt der Optiker verschiedene Tests durch, um eine eventuelle Fehlsichtigkeit herauszufinden. Das Sehen in Nähe und Ferne, aber auch das Farb- und Stereosehen werden geprüft. Wird eine Fehlsichtigkeit festgestellt, erfolgt die Beratung zur Behebung dieser.

Ob Lese-, Fern- oder Gleitsichtbrille, ob Kontaktlinsen oder weitere Tests durch einen Augenarzt, der Optiker kann die passende Empfehlung aussprechen. Anschließend steht der Optiker seinen Kunden bei der Auswahl einer Brillenfassung zur Seite und erklärt die Unterschiede der Gestelle im Bereich

Material, Tragekomfort und Preis. Auch die verschiedenen Glasqualitäten werden erläutert und eine kundenspezifische Empfehlung ausgesprochen.

Hat der Kunde sich für eine Fassung und Gläser entschieden, bereitet der Optiker die Bestellung der Gläser bei einer externen Firma vor, die die Gläser nach den vom Optiker eingegebenen Daten produziert. Nach der Lieferung werden diese vor Ort meistens nur noch etwas nachgeschliffen und dann in die Fassung eingesetzt.

In der Ausbildung hat der Optiker auch gelernt, Fassungen selbst herzustellen, aber im Arbeitsalltag verkauft er in der Regel Modelle zahlreicher Hersteller.

Während des Tages kommen auch einige Kunden ohne Termin und lassen sich zu Sonnenbrillen oder auch Arbeitsplatz- oder Arbeitsschutzbrillen beraten oder schauen sich nach den neuesten Modellen und ihrer vielleicht nächsten Brille um. Andere Kunden kommen zu ihren Terminen und holen ihre neuen Brillen oder Kontaktlinsen ab.

... irgendwas mit Tieren

Hier muss man erst einmal unterscheiden, ob es die eigenen Tiere oder die Tiere anderer Menschen sind. Die eigenen Tiere sind im beruflichen Kontext meist Mitarbeiter.
Fremde Tiere sind meist Haustiere und dann hat man meist auch etwas mit den dazugehörigen Menschen zu tun.

➢ Landwirt

➢ Hufschmied

➢ Tiermedizinische Fachangestellte (TFA)

Landwirt

Wenn du...

- die Natur liebst

- mit Tieren arbeiten möchtest

- Lebensmittel herstellen willst

- keine Angst vor Dreck hast

- körperlich fit bist

... dann solltest du dir den Beruf des Landwirts einmal genauer anschauen.

Der Landwirt in der Milchkuhhaltung startet den Tag bereits morgens um 5:30 Uhr.

Alle Kühe sind gechipt und es werden regelmäßig verschiedene Gesundheitsdaten ausgelesen. So sieht der Landwirt nach einem Blick in den PC, ob in der Nacht irgendwelche besonderen Vorkommnisse verzeichnet wurden. Anschließend startet er mit dem Melken der Kühe. Dazu werden die Kühe langsam Richtung Melkanlage getrieben, wo sie dann einzeln eintreten und entweder Side-by-side oder im Fischgrät-Melkstand gemolken werden.

Zuerst werden die Striche/Zitzen eingeschäumt und dann kurz von Hand angemolken, um eventuelle Probleme zu erkennen. Wenn alles okay ist, werden die Striche gesäubert und die Melkmaschine angesetzt. Nach Beendigung des Melkvorganges wird die Melkmaschine abgenommen und eine desinfizierende und verschließende Pflege aufgetragen. Dieser Vorgang wird so lange wiederholt, bis alle tierischen Mitarbeiterinnen gemolken wurden und wieder zurück im Stall sind.

Bei Kühen, die Medikamente bekommen, wird die Milch gesondert abgeführt, da diese nicht für den Verzehr geeignet ist.

Nach Abschluss des Melkens wird alles gesäubert, die Milchfilter werden gecheckt, die Leitungen gespült und kontrolliert.

Nachdem die Kühe ihre Arbeit verrichtet haben, bekommen sie eine ordentliche Portion Futter.

Anschließend findet bei der kompletten Herde die Klauenpflege statt. Aufgrund der Größe der Herde kommen externe Klauenpfleger mit speziellen Anhängern und Werkzeugen zum Einsatz. Bei kleineren Herden führt der Landwirt diese Tätigkeiten selbst aus.

Nun treibt der Landwirt die Kühe nach und nach zu den Klauenpflegern, damit sie die Füße und Klauen der Kuh inspizieren, säubern und kürzen.

Sollten Verletzungen sichtbar sein, so wird dies nicht nur mit entsprechenden Salben und evtl. benötigten Medikamenten behandelt, sondern auch im PC dokumentiert, damit der Verlauf beobachtet werden kann. Nachdem nun die ganze Herde bei der Klauenpflege war, steht für den Landwirt auch schon wieder das zweite Melken des Tages auf dem Programm, mit dem der heutige Tag für ihn endet.

Hufschmied

Wenn du...

- total auf Pferde stehst

- körperlich fit bist

- keine Angst vor Dreck hast

- handwerklich geschickt bist

- bereits eine andere Ausbildung absolviert hast

...dann solltest du dir den Beruf des Hufschmieds einmal genauer anschauen.

Der mobile Hufschmied steigt am Morgen in sein voll ausgestattetes Auto. Darin befindet sich ein Bohrer, ein Gasofen, sämtliches Werkzeug, Hufeisen in allen Größen und Formen, Hufnägel in verschiedenen Ausführungen und Längen, Amboss, Messerschärfer, Bandschleifmaschine, Schweißgerät, verschiedene Platten und Polstermöglichkeiten.

Dann fährt er zum ersten Kunden.

Dort holt er dann, meist zusammen mit dem Besitzer, das erste Pferd aus der Box und schaut es sich im Gang an. Anschließend wird das Pferd angebunden und die Stellung von vorne und von der Seite begutachtet. Dann wird Huf für Huf aufgenietet und die alten Hufeisen werden heruntergenommen. Nach dem so genannten Probeschnitt werden Hufsohle und Hornstrahl sauber geschnitten, der Tragrand gekürzt und die Hufwand plan geraspelt.

Dann wird das neue Eisen anhand der Größe und des Modells passend ausgewählt. Änderungen oder Anpassungen werden geprüft und das Eisen dann im Gasofen erwärmt.

Nun wird das Eisen heiß gerichtet und zur Kontrolle auf den Huf aufgebrannt. Anschließend werden eventuelle Anpassungen vorgenommen und das Eisen abgekühlt.

Sollten Stifte, Platten oder Einschweißteile benötigt werden, so werden diese nun verarbeitet und das Eisen beschliffen.

Am Huf wird nun die Brandkante entfernt und dann das Eisen mit Hufnägeln aufgenagelt und vernietet.

Mit dem Einölen des Hufs schließt der Hufschmied ab.

Wenn alle vier Hufe bearbeitet wurden, wird das Pferd erneut im Gang beschaut.

Der Zustand des Pferdes muss gleichbleiben oder besser werden.

So werden im Laufe des Tages verschiedene Pferde bearbeitet. Dabei achtet der Hufschmied auch genau auf das Befinden des Tieres und gibt Hilfestellungen oder Tipps an die Halter weiter.

Am Ende des Tages hat der Hufschmied an verschiedenen Orten die unterschiedlichsten Pferde und Ponys mit frischen Füßen versorgt. Mal gab es neue Hufeisen, mal konnten die alten Eisen erneut verwendet werden.

Manchmal wurden nur die Hufe gesäubert und geschnitten. So ist jeder Tag unterschiedlich.

Tiermedizinische Fachangestellte

Wenn du...

- Tiere liebst

- emotional stabil bist

- Interesse an Medizin hast

- gut im Team arbeiten kannst

- empathisch gegenüber Mensch und Tier bist

... dann solltest du dir den Beruf der tiermedizinischen Fachangestellten (TFA) einmal genauer anschauen.

Nachdem die TFA morgens die Praxis betreten und die Arbeitskleidung angelegt hat, startet sie damit, alle Räume und Geräte entsprechend den folgenden Terminen vorzubereiten.

Der Tag startet mit einer kleinen Zahn-Operation bei einem jungen Hund, zu der alle Instrumente bereitgelegt werden und die Flächen desinfiziert werden müssen. Die TFA legt Tupfer, Zangen und Mundkeile zurecht und zieht eine Spritze mit Betäubungsmittel auf.

Dann kann der tierische Patient kommen.

Während der OP reicht die TFA der Tierärztin die erforderlichen Instrumente an und versorgt den Patienten mit Streicheleinheiten. Nach erfolgreichem Abschluss der Operation legt die TFA den Hund in eine gepolsterte Gitterbox, damit er sich erholen und wieder ganz wach werden kann, bevor er von seinem Herrchen abgeholt wird. Anschließend säubert und desinfiziert sie die Flächen und legt die Instrumente zur Desinfektion in den Sterilisator. Danach dokumentiert die TFA alle durchgeführten Tätigkeiten und alle benutzten Medikamente am PC, damit eine korrekte Abrechnung stattfinden kann.

Im Laufe des Vormittags kommen einige Patienten für die regelmäßig notwendigen Impfungen in die

Sprechstunde. Hierzu bereitet die TFA sowohl die Räume vor als auch nach, zieht die entsprechenden Impfungen in Spritzen auf, hebt die Patienten auf den Untersuchungstisch und hält diese bei der Spritzenabgabe durch die Ärztin fest. Dann folgt wieder die Dokumentation am PC.

Im Laufe der Sprechstunde muss die TFA noch bei der Einschläferung von zwei Tieren assistieren. Dabei sind ihre Tätigkeiten ähnlich denen bei einer Impfung.

Wenn die Tierbesitzer neue Termine machen wollen oder die Rechnungen direkt bezahlen möchten, kassiert die TFA in bar oder per EC ab, bucht die Zahlungseingänge ins Praxisprogramm und vergibt Termine. Weiterhin bedient sie auch das Telefon, kontrolliert und beantwortet die E-Mails und führt Gespräche mit den Kunden.

Wenn erforderlich, so kann die TFA auch das frisch entnommene Blut eines Patienten im praxiseigenen Labor untersuchen und die Ergebnisse dokumentieren, damit die Ärztin mit den

Tierhaltern weitere Untersuchungen absprechen oder Empfehlungen aussprechen kann.

Auch beim Röntgen hilft die TFA der Tierärztin oder führt dieses, wenn möglich, auch allein durch.

Am Ende des Arbeitstages räumt die TFA alles wieder an Ort und Stelle, prüft mit der Ärztin die Medikamentenbestände, tätigt Nachbestellungen und zieht sich dann um, um die Praxis zu schließen.

... irgendwas mit Medien

Recherchieren, schreiben, filmen, sprechen, zusammenstellen, organisieren, schneiden etc. Das sind die Tätigkeiten, um die es hier geht.
Die Welt der Medien ist groß und bunt, aber auch intensiv und herausfordernd.

➢ Radiomoderator

➢ Journalist

➢ TV-Redakteur

Radiomoderator

Wenn du...

- eine gute Stimme hast

- gut mit dem Computer umgehen kannst

- gute Texte verfassen kannst

- kommunikativ und teamfähig bist

... dann solltest du dir den Beruf des Radiomoderators einmal genauer ansehen.

Morgens um 5 Uhr startet der Radiomoderator seinen Arbeitstag, um sich für die Morgensendung bereit zu machen, die schon am Vortag vorbereitet wurde. Er checkt kurz die aktuellen Meldungen und Nachrichten und dann geht er mit einer Kollegin gemeinsam auf Sendung.

Die Sendezeit am Vormittag ist von 6 bis 10 Uhr. Während dieser Zeit wird das Rahmenprogramm mit eigenen Beiträgen ausgestaltet. In regelmäßigen Abständen berichten die Radiomoderatoren etwas zum Thema des Tages.

Dabei ist die Aufteilung im Studio klar geregelt: einer "fährt" die Sendung am Schaltpult und einer sitzt auf dem gegenüberliegenden Arbeitsplatz.

Zur Nachrichtenzeit kommt ein weiterer Kollege hinzu und übernimmt die Ansage der Neuigkeiten aus der Welt, aber auch aus der Region. Diese hat er vorher recherchiert und zusammengestellt.

So begleiten die Radiomoderatoren mit interessanten Beiträgen, News, Wetter und der aktuellen Verkehrslage die Hörer in den Tag hinein.

Nach der Morgensendung findet sich das Team im Büro zusammen, um sich über neue Themen für die nächsten Tage und Wochen auszutauschen. Hier ist jeder einzelne gefordert, Themen oder Bereiche herauszusuchen, die den

Hörern gefallen könnten. Ein erstes Brainstorming führt hier meist schon zu vielen guten Ideen, die festgehalten und geplant werden.

Um ein neues Thema für den Hörer interessant zu gestalten, überlegt der Radiomoderator, welche Fragen sich der Zuhörer zu einem Thema stellen würde und formuliert diese entsprechend schriftlich aus.

Er besorgt sich über diverse Quellen die passenden Antworten und fasst diese "radio-tauglich" zusammen. Neben der schriftlichen Erfassung des Themas wird dieses im Anschluss im Aufnahmestudio zusätzlich vertont, um bei späteren Sendungen mit entsprechenden O-Tönen arbeiten zu können.

Da jede Radiosendung auf die Sekunde genau geplant ist, zeigt das Erfassungsprogramm die errechnete Zeit für die geschriebenen und auch die vertonten Wörter an. So sieht der Radiomoderator, ob sein Beitrag gut ins Programm passt, oder ob es einer Kürzung bedarf.

So entstehen dann neue Beiträge, die der Radiomoderator in seiner nächsten Sendung selbst nutzt oder den Kollegen zur Verwendung überlässt.

Doch auch die beste Vorbereitung bringt nichts, wenn in der Nacht oder im Laufe des Tages ein großes, ungeplantes Ereignis in den Vordergrund tritt. Dann heißt es für die Radiomoderatoren spontan sein und sekundenschnell reagieren. Doch das ist genau das, was einen guten Radiomoderator ausmacht.

Journalist

Wenn du...

- Dingen gerne auf den Grund gehst und alles hinterfragst

- dich gut ausdrücken kannst und gerne schreibst

- ein gutes Zeitmanagement hast und dich gut selber organisieren kannst

... dann solltest du dir den Beruf des Journalisten einmal genauer anschauen.

Morgens startet der Journalist damit, die einschlägigen Portale und E-Maileingänge zu sichten, um auf dem neuesten Stand zu sein.

Dann widmet sich der Journalist dem ersten interessanten Thema, zu dem er einen Zeitungsartikel schreiben will und recherchiert hierzu Fakten und Hintergrundinformationen. Dabei orientiert er sich an den W-Fragen, um alle relevanten Angaben für den Leser einzufangen. Für weiterführende Informationen ruft er seine Ansprechpartnerin an und schreibt nach dem Telefonat eine E-Mail mit seinen ausgearbeiteten Fragen und seinen Kontaktdaten.

Dann nimmt der Journalist an der Telefonkonferenz der Zeitung teil, bei der alle Themen von allen Seiten durchgesprochen werden. Er berichtet über seine Themen für die nächste Ausgabe und gibt einen kurzen Ausblick auf die danach folgende.

Im Anschluss startet der Journalist zu einem Termin vor Ort, bei dem er gut zuhören und sich viele Stichpunkte aufschreiben muss. Dann stellt er noch weiterführende Fragen, um Informationen zu erhalten, die er später, wenn er zurück am Schreibtisch ist, in seinen Bericht einarbeiten kann.

Zurück in der Redaktion, checkt der Journalist erneut, ob aktuelle, wichtige Themen reingekommen sind. Er sucht sich das nächste Thema aus, zu dem er einen Artikel schreiben will und startet mit der Recherche.

Bevor er heute das Büro verlässt, steht seine Seite und damit alle seine Artikel und auch die der Kollegen fest, damit die Leser am nächsten Tag eine vollständige und interessante Ausgabe ihrer Zeitung erhalten.

TV-Redakteur

Wenn du...

- dich für Videos, Medien und Fernsehen interessierst

- gut kommunizieren kannst

- ein breites Interesse an den spannenden Themen des Alltags hast

- technikaffin bist

- eigene Beiträge verfassen, filmen und schneiden möchtest

- ein Organisationstalent bist

... dann solltest du dir den Beruf des TV-Redakteurs einmal genauer anschauen

Der TV-Redakteur startet den Tag mit einer Videokonferenz aller Redakteure. In dieser findet ein Rückblick auf die Sendung vom Vortag und ein Ausblick auf die heutige Sendung statt. Weiterhin geht es um die Themensuche für die nächsten Sendungen und um Meinungsabfragen zu den Vorschlägen. Die Redakteure diskutieren und entscheiden dann demokratisch.

Einzig die Entscheidung für das Thema der Wochenreportage wird auf später vertagt, da man sich aktuell noch nicht einigen konnte.

Nachdem die Konferenz vorbei ist, bekommt der TV-Redakteur ein Telefonat rein, in dem ihm ein freier Mitarbeiter ein Angebot über Videomaterial unterbreitet. Da es hier um sehr spezielle Aufnahmen geht, sucht der TV-Redakteur das Gespräch mit einer Kollegin, um intern zu klären, ob das Senden des Materials möglich ist.

Da keine Drehgenehmigung vorlag, ruft er vor Ort an, um nachzufragen, ob etwas gegen eine Ausstrahlung spricht. Nachdem intern und extern alle Voraussetzungen erfüllt und alle Genehmigungen eingeholt sind, lässt sich der TV-Redakteur eine Vorschau-Frequenz zuschicken, schaut sich diese an und bewertet den Inhalt als sehr gut passend für die heutige Sendung. Folglich kauft er das Video an und lässt sich das komplette Video schicken. Nach Erhalt schneidet er es an seinem Computer in genau das Format, in dem es für die Sendung seiner Meinung nach optimal ist.

Anschließend prüft der TV-Redakteur weitere Sendebeiträge, indem er sich die Videos anschaut, die Moderationstexte gegenliest und dann die Freigabe erteilt.

Dann ist auch schon das Redaktionsmeeting, zu dem sich die zuständigen Personen für Bild, Ton, Technik und Moderation mit dem TV-Redakteur im Regieraum treffen, die Sendungen des Tages durchgehen und gemeinsam die Hintergrundfotos für die Moderationen auswählen.

Im Anschluss checkt der TV-Redakteur einen möglichen Sendebeitrag im Schnitt. Hier schaut er sich vor allem die Texte, Inserts und Quellen an, prüft diese und prüft zusätzlich den gesamten Beitrag auf Schlüssigkeit für die Zuschauer. Da er hier ein Verständnisproblem an einer Stelle vermutet, veranlasst er ein kurzes Nachschneiden eines O-Tons. Nach dieser Anpassung gibt er den Sendebeitrag frei.

Zurück an seinem Arbeitsplatz, prüft, sortiert und markiert der TV-Redakteur die eingegangenen E-Mails. Diese werden zu Terminen oder möglichen Themen, werden zur Weiterbearbeitung durch einen Kollegen gekennzeichnet oder als interne Info abgelegt.

Dann ist es auch schon Zeit für die erste Sendung. Hierzu geht der TV-Redakteur wieder mit dem kompletten Team in die Regie, weist die Moderatorin noch kurz ein und stimmt sich mit ihr ab. Schon geht es auf Sendung, in der er zwischen den Einspielern und den Moderationen durch Ansagen immer im Kontakt mit der Moderatorin bleibt und alle immer Bescheid wissen, wann was abgespielt wird.

Bevor die zweite Sendung startet, checkt der TV-Redakteur noch einmal, ob alle Videos passen, ob die Texte vorhanden und okay sind und dann kann auch diese beginnen.

Nach erfolgreichem Abschluss der Sendungen und somit des Tages, fährt der TV-Redakteur seinen Rechner herunter und geht in den Feierabend.

... irgendwas mit den Händen

Etwas erschaffen oder herstellen. Etwas bauen oder anpflanzen. Etwas kreieren oder überprüfen. Hier sind der Vielfalt keine Grenzen gesetzt. Verschiedenste Materialien. Verschiedenste Fähigkeiten. Mal allein, mal im Team. Aber immer was zum Anfassen.

➢ Friseurin

➢ Goldschmiedin

➢ Brauer/Mälzer

➢ Steinmetz

➢ Fliesenleger

➢ Solaranlagenmonteur

➢ KFZ-Mechatroniker

➢ Land- und Baumaschinenmechatroniker

➢ Bäcker

- Maler und Lackierer

- Elektriker

- Elektroniker Automatisierungstechnik

- Tischler

- Anlagenmechaniker für Sanitär, Heizung, Klima

- Chemielaborantin

- Floristin

- Müllwerker

- Textilreiniger

- Schornsteinfeger

- Landschaftsgärtner

Friseurin

Wenn du...

- gerne "verschönerst"

- keine Berührungsängste hast

- gut Small Talk kannst

- multitaskingfähig bist

- individuelle Beratungen durchführen willst

- Interesse an chemischen Verbindungen hast

- lieber stehst als sitzt

dann solltest du dir den Beruf der Friseurin einmal genauer anschauen.

Die Friseurin checkt noch kurz den Salon, bevor die ersten Kunden kommen. Sie stellt die Kaffeemaschine und den Wasserkocher an, damit sie ihren ersten Kunden auch direkt ein Getränk anbieten kann.

Wenn alles vorbereitet ist, wird die Tür geöffnet und schon bald sind die ersten Termin-Kunden da. Bei Stammkunden weiß man häufig bereits, was das Frisuren-Herz begehrt. Bei Neukunden darf es aber auch schon mal eine intensive Beratung sein: Welcher Schnitt passt zur Form des Gesichts? Wäre eine andere Farbe möglich oder würden vielleicht Strähnen besser passen? Oder sind es nur die Spitzen, die geschnitten werden müssen? Oder sieht man einen Ansatz, der kaschiert werden soll? Sollen die Augenbrauen in Form gebracht werden oder die Wimpern gefärbt werden? Darf es vielleicht ein Make-Up sein oder eine hübsche Hochsteckfrisur? Die Auswahl der Tätigkeitsbereiche ist hier so individuell wie die Kundschaft.

Während bereits die ersten Haare zu Boden fallen, erste Farben gemischt werden und Strähnchenfolie auf Länge gerissen wird, nimmt die Lautstärke im Raum langsam zu.

Die Gespräche mit den Kunden, der surrende Fön, das Klingeln des Telefons und manchmal auch das Mahlen der

Kaffeemaschine bilden einen interessanten Mix für die Ohren.

Da nicht jeder Kunde gleich viel Unterhaltung möchte, werden hier und da Zeitschriften und auch Getränke angeboten.

Wenn die Friseurin zwischendurch mal eine Pause macht, so ist sie froh, wenn sie sich auch mal kurz hinsetzen kann. Denn an das lange Stehen muss man sich erst gewöhnen.

Wenn am Ende des Tages alle Kunden mit einem zufriedenen Lächeln und häufig auch schon mit einem neuen Termin den Salon verlassen, lässt die Friseurin noch die letzten Spuren des Tages verschwinden. Da werden die letzten Haare zusammengefegt, die Handtücher gewaschen, das Geschirr gespült, die Kämme, Bürsten und Scheren gereinigt und desinfiziert, Farben und Pflegeprodukte nachbestellt und alles für den nächsten Tag vorbereitet.

Goldschmiedin

Wenn du...

- kreativ und handwerklich geschickt bist

- ein "gutes Auge" für Design hast

- Fingerspitzengefühl hast

- interessiert bist an Chemie und Physik

- eigenständig, aber auch im Kundenauftrag arbeiten willst

- Werken und Kunst zu deinen Lieblingsfächern in der Schule zählst

... dann solltest du dir den Beruf der Goldschmiedin einmal genauer ansehen.

Am Morgen startet die Goldschmiedin damit, die Kundenaufträge für die Abholung vorzubereiten. Da werden z.B. an Armbanduhren Batterien und/oder Armbänder getauscht oder Schmuck aufpoliert. Im Laufe des Tages werden dann neue Kundenaufträge entgegengenommen oder vorhandene abgearbeitet. Hier handelt es sich z. B. um Königsorden für die hiesigen Schützenvereine oder um handgefertigten Schmuck nach Kundenwunsch.

So wird im Laufe des Tages gestanzt, gesägt, gebohrt, gelötet, gehämmert, graviert, gefeilt, poliert, gestempelt, punziert oder gereinigt. Bei den verarbeiteten Materialien handelt es sich meist um Silber oder Gold in den unterschiedlichsten Ausprägungen.

Wenn Edelsteine dazukommen und diese eingefasst werden müssen, bedarf es dazu einer speziellen Weiterbildung und eines speziellen Equipments. Da beides sehr teuer ist, fasst nicht jeder Goldschmied Steine ein, sondern er vergibt die entsprechenden Aufträge extern. Auch Aufarbeitungen von Uhrwerken werden an einen externen Uhrmacher vergeben.

So hat die Goldschmiedin genug Zeit, neuen Schmuck zu designen und herzustellen. Der Fantasie sind dabei keine Grenzen gesetzt. Nur "verkaufbar" sollte das Endergebnis sein. Und so befindet sich nach und nach im Verkaufsbereich so manches schöne Schmuckstück, das auf neue Besitzer wartet.

Brauer/Mälzer

Wenn du...

- Interesse an der Lebensmittelverarbeitung hast

- technisches Verständnis hast

- gerne im Team arbeitest

- handwerklich geschickt bist

- Bier liebst

dann solltest du dir den Beruf des Brauers und Mälzers einmal genauer anschauen.

Der Brauer startet seinen Arbeitstag mit dem Blick auf den Monitor in der Schaltzentrale. Dort sieht er, ob es im Brauvorgang an irgendeiner Stelle Probleme gibt oder ob alles reibungslos läuft.

Dann erfüllt er seine Aufgaben entlang der Brauanlage. An verschiedenen Stellen der Anlage und zu verschiedenen Zeiten des Brauvorganges nimmt er Proben, um bei Abweichungen oder Auffälligkeiten jederzeit eingreifen zu können. Diese Proben bringt der Brauer ins hauseigene Labor, wo sie untersucht werden.

Währenddessen kümmert sich der Brauer um die Reinigung eines Gärtanks, da die TÜV-Untersuchung fällig ist. Bei dieser steht der Brauer dem Prüfer zur Seite, um Fragen zu beantworten oder um Maßnahmen ergreifen zu können, falls etwas nicht in Ordnung sein sollte. Dann stehen an einigen Stellen der Anlage kleinere Wartungsarbeiten, wie Schläuche oder Dichtungen tauschen, an, die der Brauer übernimmt.

So geht der Brauer im Laufe des Tages seine Anlage ab und beobachtet den Brauvorgang in der Hoffnung, nicht eingreifen zu müssen, denn die Qualität des herzustellenden Lebensmittels darf zu keiner Zeit gefährdet sein.

Steinmetz

Wenn du...

- einen Arbeitsplatz magst, der durchaus kalt, nass, laut und staubig sein kann

- körperlich fit bist und auch schwere Sachen heben kannst

- Durchhaltevermögen hast

- etwas aus Stein herstellen willst

... dann solltest du dir den Beruf des Steinmetzes einmal genauer ansehen.

Die Grundlage jeder Steinmetz-Arbeit ist eine gerade Fläche. Folglich startet der Steinmetz sein Tagewerk damit, sein Werkstück auf allen Seiten zu begradigen.

Hierzu nutzt er verschieden große Meißel und Hämmer. Er zeichnet sich die geplanten Maße ein und beginnt nun mit der Handarbeit.

Stück für Stück wird das überschüssige Material abgetragen. Erst mit grobem, dann mit immer feineren Werkzeugen.

Je nach Größe und Beschaffenheit des Steins, kann das Begradigen einer einzigen Seite durchaus mehrere Stunden dauern.

Ist die Fläche gerade, so startet der Steinmetz mit der nächsten Seite.

Wenn alle Seiten begradigt sind, können sich weitere Arbeitsschritte anschließen oder der Stein ist als gerader Mauerstein oder als Stufe bereits fertig zum Einsatz.

Selbst eine runde Säule ist am Anfang ein langer, auf vier Seiten glatter Stein, der erst durch das Anfasen der Ecken nach und nach zu seiner Form findet. Auch hier wird wieder angezeichnet, behauen und gemeißelt, bis die Fase glatt ist.

Für die meisten Arbeitsschritte gibt es heutzutage selbstverständlich Maschinen.

Fliesenleger

Wenn du...

- handwerklich geschickt bist

- körperlich fit bist

- etwas Schönes für andere erschaffen möchtest

- gerne alleine, manchmal aber auch im Team arbeitet möchtest

... dann solltest du dir den Beruf des Fliesenlegers einmal genauer anschauen.

Wenn der Tag startet, belädt der Fliesenleger sein KFZ mit den für die Baustelle benötigten Materialien und fährt los.

Vor Ort wird das Material ausgeladen und die Baustelle vorbereitet.

Bevor der Handwerker aber die erste Fliese an die Wand oder auf den Boden aufbringen kann, müssen erst einige Vorarbeiten erledigt werden.

In Abstimmung mit dem Bauherrn und dem Installateur müssen eventuell Wände gemauert und/oder verputzt werden, alles muss begradigt werden, eventuell muss Estrich verlegt werden.

Auf der heutigen Baustelle werden im unteren Bad als erstes die Wände abgeschliffen, damit die Wandfliesen am nächsten Arbeitstag verlegt werden können. Anschließend wird der Überstand der Trennfolie, die den Estrich vom darunterliegenden Beton trennt, an den Seiten abgeschnitten. Anschließend wird durchgefegt, damit kein Staub und keine Steinchen im Weg sind.

Dann rührt der Fliesenleger im oberen Badezimmer Dünnbettmörtel an und es werden Gewebeecken aufgeputzt, um stabilere Kanten zu bekommen. Im Anschluss wird auf allen Wänden Gewebe aufgeputzt. Zwischendurch wird neuer Mörtel angerührt, um alle Wände zu verputzen.

Anschließend muss noch Estrich auf den Boden. Dazu wird zuerst eine Dämmung auf den Boden aufgebracht und dann Folie verlegt. Hierauf kommen zwei Schichten Estrich. Dieser wird im Mischer vor dem Haus angerührt und dann in Eimer abgefüllt, die nach und nach in das erste Obergeschoss getragen werden müssen. Hier entleert der Fliesenleger die Eimer auf die vorbereitete Fläche.

In die erste Estrichschicht kommt ein Drahtgeflecht zur Stabilisierung. Dann kommt die zweite Schicht. Diese zieht der Fliesenleger ab, damit eine glatte Fläche entsteht. Nun muss die Fläche für drei Tage trocknen, bevor sie wieder betreten werden darf.

Jetzt wird die Baustelle noch aufgeräumt, damit es im unteren Badezimmer am nächsten Tag auch sofort mit dem Fliesen legen losgehen kann.

Zurück an der Firma wird das KFZ aufgeräumt, der Müll getrennt, Materialbestände wieder aufgefüllt und dann ist Feierabend.

Solaranlagenmonteur

Wenn du...

- keine Höhenangst hast

- körperlich fit bist

- technisches Verständnis hast

... dann solltest du dir den Beruf des Solaranlagenmonteurs einmal genauer ansehen.

Der Solaranlagenmonteur bestückt am Morgen sein Fahrzeug mit der für die Tagesbaustelle benötigten Solarmodule und den entsprechenden Werkzeugen und Werkteilen. Dann geht es zur bereits mit einem Gerüst versehenen Baustelle.

Bevor die Installation der Module beginnen kann, müssen erst die Schienen auf und mit dem Dach verbunden und die Kabel verlegt werden. Dann wird das benötigte

Material auf dem Gerüst bereitgestellt und die Module werden auf das Dach befördert.

Auf dem Dach bewegen immer zwei Monteure zusammen ein Solarmodul zu der Stelle, an der es montiert werden soll. Dabei muss darauf geachtet werden, dass das Modul richtig herum ist und die Stecker auf der Rückseite passend an die entsprechenden Kabel angeschlossen werden können.

Nach dem einseitigen Einhängen des Moduls in die Aufhängevorrichtung werden erst die Kabel angesteckt und dann die andere Seite befestigt.

Nacheinander werden so alle Module auf das Dach befördert und dort fixiert.

Nach der Montage erfolgt dann der Anschluss an das Stromnetz durch den Elektriker.

KFZ-Mechatroniker

Wenn du...

- Interesse an Autos hast

- keine Angst vor Dreck und Abgasen hast

- gut mit Menschen umgehen kannst

- dich für Motoren und Getriebe interessierst

... dann solltest du dir den Beruf des KFZ-Mechatronikers einmal genauer anschauen.

Am Anfang des Tages startet der KFZ-Mechatroniker damit, die Fahrzeuge, die angemeldet sind, für den TÜV-Prüfer vorzubereiten. Dazu werden Bremsen und Lenkung getestet, eine erweiterte Sichtprüfung durchgeführt und während der Motor sich für die AU warmläuft, wird bereits das nächste Auto auf den

Prüfstand gefahren. Im Laufe des Vormittags wechselt der KFZ-Mechatroniker bei einigen Autos die Reifen, so dass immer wieder Autos reingefahren und auf die Hebebühne gehoben werden. Dort schraubt er dann die Reifen los, schleift die Bremsen ab, schraubt die neuen oder andere Reifen an und fährt dann die Hebebühne zurück in die Ausgangsposition. Anschließend zieht er zur Sicherheit die Schrauben noch einmal von Hand nach, bevor er das Auto aus der Halle fährt und an den Kunden übergibt.

Beim nächsten Auto sind kleine Mängel sichtbar. Zum einen ist ein Leuchtmittel defekt und muss ausgetauscht werden, zum anderen ist ein Reifen platt. Die "schuldige" Schraube ist schnell gefunden. Nun zieht der KFZ-Mechatroniker den Reifen von der Felge ab, entfernt die Schraube, trägt auf der Innenseite Kleber und Flicken auf und anschließend erhitzt bzw. vulkanisiert er den Reifen. Danach wird der Reifen wieder auf die Felge gezogen, aufgepumpt, auswuchtet und montiert. Dann wird das Fahrzeug angehoben, um das Motoröl abzulassen, bevor der KFZ-Mechatroniker neues Öl auffüllt. Auch bei diesem Auto steht im Anschluss noch die AU an.

Nun wird die Abgasuntersuchung durchgeführt. Hierzu gibt der TÜV-Prüfer in einen PC die Daten des Wagens ein. Mit einem Dongle, der im PKW angeschlossen wird, werden die ermittelten Werte an den PC übertragen. Gleichzeitig wird eine Sonde in den Auspuff eingeführt. Dann wird der Test gestartet und die Daten erscheinen auf dem Bildschirm. Wenn alle Werte der Norm entsprechen, gilt die AU als bestanden.

Das nächste KFZ kommt zum Service: Luft- und Ölfilter wechseln, Zündkerzen tauschen, Ölwechsel, Bremsbacken erneuern, Luftdruck der Reifen überprüfen.

Dann folgt die Überprüfung der vorbereiteten Autos durch den TÜV: Bremstest, Hupe, Scheibenwaschanlage, Sichtprüfung Reifen, Bremsen etc. Der KFZ-Mechatroniker bleibt immer an der Seite des TÜV-Prüfers, um eventuell entstehende Rückfragen beantworten zu können.

Beim nachfolgenden Wagen ist der Kompressor der Klimaanlage defekt. Um diesen austauschen zu können, erfolgt erst einmal die Demontage des Reifens und des Unterbodenschutzes durch den KFZ-Mechatroniker. Nun werden die Schläuche und die Schrauben des Kompressors gelöst und dieser gegen einen neuen ausgetauscht. Nach erfolgreicher Montage aller abgenommenen Teile, füllt der KFZ-Mechatroniker die Kühlflüssigkeit wieder ein und startet den Motor, um die Funktion der Klimaanlage und des neuen Kompressors zu überprüfen.

Beim nächsten Auto wird der Motor zu heiß. Um das Problem zu identifizieren, schließt der KFZ-Mechatroniker ein Fehlersuchgerät an und gibt die Daten des Fahrzeugs ein. Das Gerät liest nun den Fehler aus und so weiß der KFZ-Mechatroniker, dass zu wenig Kühlflüssigkeit im Kreislauf ist und kann die Reparatur entsprechend planen und am nächsten Tag durchführen.

Land- und Baumaschinenmechatroniker

Wenn du...

- große Maschinen liebst

- dich um Motoren und Getriebe in Übergröße kümmern willst

- gerne Fehler suchst und sie dann beseitigt

- körperlich fit bist

- technisch interessiert bist

... dann solltest du dir den Beruf des Land- und Baumaschinenmechatronikers einmal genauer anschauen.

Morgens startet der Land- und Baumaschinenmechatroniker mit dem Öffnen der Türen und Tore und dem Starten des Krans. Wenn alle Lichter an und alle Werkzeuge an Ort und Stelle sind, geht es los mit dem Reparieren, Instandsetzen und Warten.

Ein Traktor mit Motorschaden wartet auf Fehlersuche. Somit werden die Zündkerzen ausgebaut und zuerst intern, dann extern in einer Spezialwerkstatt gesäubert und für den Wiedereinbau aufbereitet. Parallel wird der Motorblock gereinigt und geschliffen, alle Schrauben, Muttern und Klein- und Großteile gereinigt und zum erneuten Einsetzen aufbereitet. Hierzu benutzt der Fachmann spezielle Reinigungsmittel, Werkzeuge und Zubehör. Anschließend wird der Arbeitsbereich aufgeräumt und die wieder einsortierten Werkzeuge zum nächsten Fahrzeug gebracht.

Als nächstes wartet eine Dreschmaschine, die schon viele Arbeitsjahre hinter sich hat, mit einem Getriebeschaden auf den Einbau des reparierten Getriebes und aller weiteren, für die Reparatur abgenommenen Teile, auf Instandsetzung. Da alle Teile eine entsprechende Größe haben, werden meist mehr als zwei Hände oder sogar spezielle Hilfsmittel benötigt. Letztere sind optimal in der Werkstatthalle positioniert und beschriftet, damit jeder Mitarbeiter jederzeit alles am rechten Platz findet.

Nach Abschluss der Reparatur ist nun für den nächsten Tag die Überprüfung der Funktion des Getriebes angesetzt.

Nun sollen an einem beinahe historischen Traktor die Motorhaube und die Seitenteile abgeschraubt und für den Lackierer vorbereitet werden. Die vorhandenen Aufkleber werden mit dem Heißluftfön abgelöst und vorsichtig abgespachtelt. Anschließend werden alle rostigen Stellen abgeschliffen, damit die Oberfläche glatt ist. Anschließend gehen die Teile zur Weiterbearbeitung in eine Lackiererei.

Kurz vor Feierabend stehen noch die Reinigungsarbeiten im Betrieb an. So muss der Waschplatz für die Land- und Baumaschinen gereinigt und die Werkstatt besenrein hinterlassen werden, damit der nächste Arbeitstag ordentlich starten kann.

Bäcker

Wenn du...

- backen liebst

- Frühaufsteher bist

- einen warmen Arbeitsplatz möchtest

- geschickt mit den Händen bist

... dann solltest du dir den Beruf des Bäckers einmal genauer anschauen.

Der Bäcker startet seinen Arbeitstag nachts um 1 Uhr. Er zieht seine Arbeitskleidung an und sichtet den Kalender mit dem heutigen Tagesplan. Dann geht es auch schon los mit den ersten Rezepten.

Der Bäcker rechnet das jeweilige Rezept auf den Tagesbedarfsplan hoch und wiegt die Zutaten entsprechend ab. Vier Rührmaschinen werden gestartet und mit den Zutaten für die jeweiligen Rezepte für Brot oder Brötchen befüllt. Während die Teige verrührt werden, bereitet der Bäcker die Arbeitsfläche mit etwas Mehl vor und stellt Bleche und Formen bereit.

Nun entnimmt er den ersten Teig, knetet ihn durch und wiegt die passende Menge für die Backwaren ab. Dann werden die kleineren Teige zu Brot oder Brötchen verarbeitet.

Als erstes werden Graubrote gebacken. Folglich werden die entsprechenden Teigmengen geknetet und in die eingefetteten Formen gegeben.

Anschließend werden verschiedene Brötchensorten gebacken. Dazu legt der Bäcker eine Teigportion für 30 Brötchen auf eine Platte mit 30 Einbuchtungen. Diese wird in eine Presse mit Rotationsprinzip gegeben und durch die Bewegung wird der Teig in den Einbuchtungen als Kugel vorgeformt. Dann werden die Kugeln nach Rezept weiterverarbeitet und mit weiteren Zutaten, wie z. B. Kürbiskernen versehen.

So arbeitet sich der Bäcker durch den Tagesbedarfsplan, rechnet um, knetet, formt, wälzt, schneidet ein und bringt dann die Rohlinge zum Ofen oder in den Kühlschrank.

Am Ende des Arbeitstages werden eventuelle Teigreste aus den Rühr- und Knetmaschinen geschabt und diese gereinigt. Dann wird noch schnell die Backstube durchgefegt und dann ist Feierabend

Maler und Lackierer

Wenn du...

- handwerklich geschickt bist

- Lust hast, Räume und Gebäude zu verschönern

- gut alleine aber auch im Team arbeiten kannst

- ein Auge für Design hast

- körperlich fit und schwindelfrei bist

... dann solltest du dir den Beruf des Malers und Lackierers einmal genauer anschauen.

Der Maler und Lackierer startet seinen Tag damit, das Material und die Arbeitsmittel, die für den Tag auf der Baustelle benötigt werden, ins Auto zu laden.

Da sich die heutige Baustelle in einem bewohnten Haus befindet und somit Möbel und Gebrauchsgegenstände in den zu bearbeitenden Zimmern sind, schafft sich der Maler vor Ort erst einmal Platz zum Arbeiten.

Nachdem ein paar Möbel verrückt sind, beginnt der Maler damit, die unteren Teile der Wände im ersten Zimmer abzukleben und die Folie lang zu ziehen. Dann legt er Vlies zum Schutz des Bodens aus, befeuchtet die Tapeten und lässt das Wasser kurz einziehen. Anschließend kratzt er die Tapeten ab. Da an einigen Stellen Unebenheiten entstanden sind, rührt der Maler nun etwas Spachtelmasse an und trägt diese auf, um die Fläche zu begradigen und auszugleichen. Dazu verwendet er an einigen Stellen auch Gewebeband, verspachtelt dieses mit und lässt dann erstmal alles trocknen.

Wenn wieder gearbeitet werden kann, klebt der Maler nun die Ränder von der Wand zur Decke ab und streicht diese neu. Danach streicht er die Wände und dann ist das erste Zimmer geschafft.

Wenn die Farbe getrocknet ist, werden die Folie und das Vlies wieder zusammengepackt und der Raum steht den Bewohnern wieder zur Verfügung.

In einem anderen Zimmer hat der Maler bereits am Vortag die Decke gestrichen. Da er nun aber einige Stellen erkennt, die noch nicht optimal aussehen, streicht er die Decke an diesen Stellen nach.

In einem weiteren Zimmer ist die Wand schon für die neue Tapete vorbereitet. Also kleistert der Maler die Wand ein und bringt nach und nach die Tapetenbahnen an.

Im letzten Zimmer klebt der Maler im Anschluss die Fußleisten ab, bevor er die Ecken und Kanten beschneidet (mit dem Pinsel vorstreicht). Dann streicht er erst mit einer kleinen Rolle und erweitert so die Ecken, bevor er die Wand großflächig mit der großen Rolle streicht.

Elektriker

Wenn du...

- Interesse an Elektrik hast und dich Kabel und Stecker faszinieren

- körperlich fit bist

- Feinmotorik, Geduld und Sorgfalt zu deinen Stärken zählst

- teamfähig und kommunikativ bist

- räumliches Vorstellungsvermögen hast

... dann solltest du dir den Beruf des Elektrikers einmal genauer anschauen.

Morgens startet der Elektriker damit, die Prüfprotokolle der Brandmeldeanlage, die er an diesem Tag beim Kunden vor Ort kontrollieren muss, auszudrucken. Anschließend fährt er zum Kunden, um die Anlage zu prüfen.

Vor Ort checkt der Elektriker das Betriebsbuch der Anlage und stellt diese in den Revisions- bzw. Prüfmodus, um die einzelnen Brandmelder zu prüfen. Eine Einteilung der gesamten Melder des Gebäudes in Gruppen dient der Übersichtlichkeit. Die zu testenden Gruppen werden in den Testmodus geschaltet.

Dann erfolgt die Prüfung jedes Melders mit einem akkubetriebenen Prüfgerät. Dieses wird über den jeweiligen Melder gestülpt und simuliert auf Knopfdruck eine Rauchgasentwicklung, um einen stillen Alarm auszulösen. Nachdem alle Melder überprüft wurden, setzt der Elektriker die Melder und die Anlage zurück auf Normalbetrieb.

Dann testet der Elektriker die Lichtrufanlage. An jedem Personenhandgerät und in jedem Zimmer und Bad testet er die Funktion, indem er die Schalter betätigt und den Ruf auf dem Handtelefon entgegennimmt. Anschließend stellt er den Ruf wieder aus. Zwei defekte Geräte werden ausgetauscht, damit alles wieder einwandfrei funktioniert.

Weiterhin wird auf jeder Ebene die Notstromversorgung der Lichtrufanlage überprüft und die Ein- und Ausgangsspannung der Batterien dokumentiert.

Als Abschluss initiiert der Elektriker einen Feueralarm als Test, um die Funktion sämtlicher relevanten Sicherheitsmechanismen zu überprüfen. Dann wird die Brandmeldezentrale zurückgesetzt und alles genauestens dokumentiert.

Elektroniker für Automatisierungstechnik

Wenn du...

- Interesse an Elektronik hast und dich Kabel und Stecker faszinieren

- körperlich fit und schwindelfrei bist

- dich gerne spezialisieren möchtest

- Feinmotorik, Geduld und Sorgfalt zu deinen Stärken zählst

- teamfähig und kommunikativ bist

- räumliches Vorstellungsvermögen hast

... dann solltest du dir den Beruf des Elektronikers für Automatisierungstechnik einmal genauer anschauen.

Der Elektroniker für Automatisierungstechnik startet seinen Arbeitstag direkt beim Kunden vor Ort.

Er verlegt Kabel in einer Schleppkette, die sich in einer Führungsschiene befindet. So installiert, können diese Kabel die neue Maschine antreiben. An den Enden der Kette fixiert er die Kabel, damit diese, während die Anlage in Betrieb ist, nicht verrutschen. Dann zieht er die Kabel der Länge nach weiter durch die Kette und verschließt diese mit den entsprechenden Klemmvorrichtungen.

Dann legt der Elektroniker ein Hybridkabel und ein Steuerungskabel von der Maschine zum Schaltschrank und verdrahtet die einzelnen Adern mit dem entsprechenden Umrichter. Dazu legt er die einzelnen Adern erst einmal frei, dreht den Schirm um das Ende des Kabels und fixiert diesen erst mit Isolierband und dann mit einem Warmschrumpfschlauch. Dann isoliert der Elektriker die Kabelenden ab und krimpt mit der Zange Aderendhülsen auf und klemmt die spannungsführenden Adern auf einen Steckverbinder und die weiteren Adern auf eine Klemme.

Am Förderband der Maschine schraubt der Elektriker nun die Sensoren für die

Start- und Stopp-Funktion an und verkabelt diese.

Am Computer schreibt der Elektroniker die Programme für die einzelnen Funktionen der Anlage. Wenn der Sensor "Start" ausgelöst wird, soll sich das Förderband in eine bestimmte Richtung bewegen. Wenn der Sensor "Stopp" ausgelöst wird, soll die Bewegung des Bandes wieder stoppen. Diese Befehle programmiert der Elektroniker und testet diese im Anschluss über den Steuerungsmonitor und das Bedienfeld der Anlage.

Im Laufe des Tages sieht sich der Elektroniker auch mit Kundenwünschen konfrontiert, die zum Beginn des Tages noch nicht vorgesehen waren. An einer bestimmten Stelle im Gebäude wünscht der Kunde eine zusätzliche Beleuchtung der Anlage. Somit bringt der Elektroniker mit Hilfe des Hubwagens Alu-Profile unter den Deckenbalken an, an denen die passenden Lampen an Ketten montiert und über Kabelkanäle angeschlossen werden.

Tischler

Wenn du...

- gut rechnen kannst

- räumliches Denkvermögen und eine gute Vorstellungskraft hast

- gerne mit den Händen arbeitest

- gut alleine aber auch im Team arbeiten kannst

- gerne Dinge aus Holz erschaffen möchtest

... dann solltest du dir den Beruf des Tischlers einmal genauer anschauen.

Zum Start des Arbeitstages bespricht der Tischler sich mit einem Kollegen bezüglich einer Bauzeichnung und den daraus resultierenden Tätigkeiten.

Dann startet er damit, den Schubladenschrank, mit dessen Bau er am Vortag begonnen hat, fertigzustellen. Dazu schleift der Tischler als erstes die Seitenteile der Schubladen ab. Anschließend bohrt er die Löcher vor, durch die später geschraubt wird. Dann legt er die Böden ein und verschraubt jede einzelne Lade. Zusätzlich schraubt er auch schon die Schubladenaufhängung an der Unterseite an.

Um den Schrank nach Fertigstellung leichter transportieren zu können, misst der Tischler die Standfläche des Schrankes aus, schneidet sich eine passende Platte auf Maß und schraubt diese auf einer Palette fest. Nun wird der Schrank auf die Palette platziert und die Schubladen werden eingesetzt.

Dann misst der Tischler die Schubkastenfronten aus und zeichnet diese an. Anschließend bohrt er die Löcher für die Befestigung der Griffe vor. Diese werden aber erst vom Monteur beim Kunden vor Ort angebracht. Nun schraubt der Tischler die Fronten an, schneidet für die oberen zwei Schubladen jeweils eine Anti-Rutsch-

Matte zu und legt diese ein. Dann misst er die vom Kunden gewünschten Trennbretter aus, schneidet diese zu, fräst die kurzen Seiten aus, schleift dann die Kanten ab und setzt sie ein. Den fertigen Schrank fährt der Tischler in die Auslieferungshalle.

Das nächste Kundenprojekt ist ein individuell gefertigter Spiegelschrank mit drei Türen. Hier hat der Tischler bereits den Korpus gebaut und nun müssen noch die Spiegel geklebt werden. Für das maschinelle Umleimen der Türen bereitet der Tischler diese mit Hilfsbrettern vor, die die Spiegel in der Höhe und der Position imitieren. Dann wird die Maschine mit dem passenden Kantenumleimer bestückt und die Türbretter erst an den kurzen, dann an den langen Seiten umleimt. Um nun noch die korrekten Abstände für die Bohrung der Türanschläge zu bekommen, misst der Tischler diese aus und zeichnet sie an. Dann werden die entsprechenden Bohrungen durch einen Scharnierlochbohrer durchgeführt und die Anschläge befestigt und ausgerichtet. Dann entfernt der Tischler die Hilfsbretter und reinigt die Oberflächen. Er klebt kleine Streifen Spiegelklebeband in alle Ecken und in die Mitte der langen Seiten, trägt Spiegelkleber auf und dann legt er vorsichtig die Spiegel auf die Türbretter. Den fertigen Schrank bringt er in die Auslieferungshalle und fixiert die Türen mit Klebeband, damit diese beim Transport nicht aufspringen können.

Um das nächste Projekt zu starten, checkt der Tischler zunächst die Bauzeichnung und prüft die Berechnungen. Nachdem er alles gegengerechnet hat, legt er die erste große Platte auf die Säge, misst ab, zeichnet an und sägt dann die ersten Bretter auf Maß. Nach Sichtkontrolle der Schnittkanten entscheidet sich der Tischler für ein neues Sägeblatt, da an den Kanten leichte Ausrisse zu sehen sind. Also tauscht er das Sägeblatt aus, bevor es mit der nächsten Platte weitergeht. Nach der dritten Platte sind alle Bretter passend zur Zeichnung und zur Berechnung auf Maß gesägt und für die weiteren Schritte am nächsten Arbeitstag vorbereitet.

Anlagenmechaniker für Sanitär, Heizung und Klima

Wenn du...

- handwerklich geschickt und körperlich fit bist

- gut alleine aber auch im Team arbeiten kannst

- abwechslungsreiche Tätigkeiten liebst

- eine sorgfältige Arbeitsweise hast

... dann solltest du dir den Beruf des Anlagenmechanikers für Sanitär-, Heizungs- und Klimatechnik einmal genauer anschauen.

Morgens belädt der Anlagenmechaniker das Firmenfahrzeug, fährt damit zur Baustelle und lädt dort die benötigten Materialien und Werkzeuge wieder aus.

Dann stellt er auf der gesamten Baustelle das Wasser ab.

Zuerst packt er die beiden Toiletten für das Bad und das Gäste-WC aus. Dann bereitet der Anlagenmechaniker die Aufhängung vor, misst und kürzt die Stutzen und setzt diese dann ein. Nun misst er die Mitte aus, lotet mit der Wasserwaage aus und bringt den Schallschutz an der Keramik an. Dann hängt er die Toilette auf, schraubt diese fest, befestigt die Brille und bestückt den Spülkasten mit dem Drücker.

Bei beiden Toiletten prüft der Anlagenmechaniker mit vollem Körpergewicht, ob alles perfekt hängt.

Neben beiden WCs zeichnet er nun noch den Toilettenpapierhalter an, bohrt die Löcher für die Aufhängungen vor und schraubt dann die Halter an.

Als nächstes schraubt er den Anschluss für die Waschmaschine an und bereitet für diese auch den Abwasseranschluss vor.

Da der Kollege gerade die Heizungsregelung im Gäste-WC anschließt, die Funkventile installiert, programmiert und beschriftet, kümmert sich der Anlagenmechaniker nun um die Anschlüsse für die Duscharmatur im Badezimmer. Er bereitet alles vor, dichtet mit Silikon ab, bringt die Verblendung an und schraubt dann die Armatur an.

Als nächstes bereitet er die Anschlüsse für die beiden Waschtische in den beiden Räumen vor und dichtet die Abwasseranschlüsse ab.

Dann baut er den Waschtisch für das Gäste-WC zusammen, zeichnet an, bohrt vor, schraubt die Halterung an und hängt den Schrank auf. Anschließend installiert er das Waschbecken mit der Armatur und schließt den Abfluss an.

Oberhalb des Waschtisches soll ein Spiegel hängen. Also bohrt der Anlagenmechaniker die Spiegelaufhängung vor. Leider trifft er trotz vorheriger Prüfung die Stromleitung.

Somit bleibt ihm nichts anderes übrig, als die Wand an der Stelle der Bohrung ein Stück aufzubrechen, die durchbohrten Kabel mit einer

Lüsterklemme zusammenzuführen und zu prüfen, ob der Strom wieder funktioniert.

Um nach erfolgreicher Prüfung den Spiegel aufhängen zu können, rührt der Anlagenmechaniker eine kleine Menge Schnellmontagezement an und verputzt damit das Loch und lässt die Stelle erstmal trocknen, bevor er dann die Halterung an Spiegelrückseite anschraubt, die Spiegellampe an der Rückseite festschraubt, neue Löcher vorbohrt und anschließend Dübel und Haken als Aufhängung für den Spiegel in der Wand anbringt.

Das Befestigen der Duschtrennwand und das Abdichten aller Stellen mit Silikon verschiebt der Anlagenmechaniker auf den nächsten Tag, da die Reparatur am Spiegel zu viel Zeit in Anspruch genommen hat.

Er macht sich auf den Rückweg und räumt, in der Firma angekommen, den Wagen aus, sortiert den Müll und macht dann Feierabend.

Chemielaborantin

Wenn du...

- chemische Prozesse liebst

- technisches Verständnis hast

- gut kommunizieren kannst und teamfähig bist

- Routine magst und dich gut selbst organisieren kannst

... dann solltest du dir den Beruf der Chemielaborantin einmal genauer anschauen.

Zum Start in den Arbeitstag kalibriert die Chemielaborantin die Messgeräte in ihrem Labor und bereitet sorgfältig die Lebensmittelproben vor. Beide Punkte sind von besonderer Wichtigkeit, da ohne genaueste Vorbereitung Proben verunreinigt werden oder fehlerhafte Messwerte entstehen können.

Die Chemielaborantin kennt die verschiedenen Mess- und Analysegeräte in ihrem Labor gut und weiß, wann an welcher Maschine welcher Test läuft.

Nach jedem Test kommen die Überprüfung und die Dokumentation der Daten. Werden Abweichungen festgestellt, können erforderliche Gegenmaßnahmen eingesetzt oder mit der entsprechenden Fachabteilung abgestimmt werden.

Die Chemielaborantin behält über all ihre Tests den Überblick, auch wenn im Laufe des Tages neue Proben ins Labor kommen, die zusätzlich bearbeitet werden müssen.

Auch die Wartung oder Reparatur der Mess- und Analysegeräte gehört zu ihren Aufgaben.

Sollte ein technisches Gerät einmal länger ausfallen, so kann die Chemielaborantin die Tests auch in Handarbeit durchführen.

Durch die ständige Weiterentwicklung der Arbeitsabläufe bleibt es im Labor immer spannend.

Floristin

Wenn du...

- kreativ bist

- Interesse an den neuesten Einrichtungstrends hast

- gerne mit den Händen arbeitest

- kein Problem damit hast, dich auch mal dreckig zu machen

- einen grünen Daumen hast oder dich Pflanzen interessieren

- gut auf Kundenwünsche eingehen kannst

- Fingerfertigkeit besitzt

... dann solltest du dir den Beruf der Floristin genauer ansehen.

Bevor die Floristin morgens den Laden für die Kunden aufschließt, wird der

Verkaufsraum vorbereitet. Die Schnittblumen werden kontrolliert, eventuell neu angeschnitten, die Vasen gereinigt und mit frischem Wasser befüllt. Anschließend wird die bunte Pracht wieder ordentlich arrangiert und drapiert, damit der Kunde eine hübsche, bunte Auswahl hat. Anschließend werden schon einige, verschieden zusammengestellte Sträuße gebunden, um den Kunden schon beim Betreten des Ladens die Vielfalt der Floristik zu präsentieren.

Im Laufe des Tages kommen dann Bestellungen per Telefon rein oder die Kunden erscheinen persönlich im Geschäft. Hier kann die Floristin in der Beratung mit Fachwissen glänzen und den passenden Strauß, den passenden Kranz oder die passende Pflanze zu den Wünschen des Kunden empfehlen.

Damit es immer frische Ware gibt, wird nach Saison und Trend bestellt und meist zweimal die Woche angeliefert. Hier packt die Floristin auch beim Abladen und Verstauen der Blumen und Pflanzen mit an.

Kundenaufträge, die als Vorbestellung reingekommen sind, werden vorbereitet und dann abgeholt oder ausgeliefert.

Wenn Material benötigt wird, so wird dieses nachbestellt

Beim Binden und Wickeln fällt auch immer wieder etwas Abfall an, so dass zwischendurch auch mal der Besen geschwungen wird. Spätestens jedoch, wenn es auf den Feierabend zugeht, wird der Arbeitsplatz gesäubert und alle Arbeitsgeräte gereinigt.

Müllwerker

Wenn du...

- körperlich fit bist oder es werden willst

- etwas zum Gemeinwohl beitragen willst

- gerne bei jedem Wetter draußen bist

- keinerlei Berührungsängste hast

- Lust hast, in kleinen Teams zu arbeiten

… dann solltest du vielleicht Müllwerker werden.

Morgens um 6 Uhr startet der Müllwerker auf die ihm zugewiesene Tour. Hierzu bekommt er entsprechende Karten und Zusatzinformationen ausgehändigt. Er steigt mit seinen Kollegen in den LKW und dann geht es los.

Am Tour-Start angekommen, steigt der Müll-Lader aus und bereitet das

Fahrzeug für das Einsammeln vor. Je nach Art des Abfalls wird der Wagen passend eingestellt.

Nachdem das Trittbrett heruntergeklappt worden ist, startet der Fahrer nun langsam die Tour. Der Lader steigt auf das Trittbrett und schaut während der Fahrt nach rechts und links, um auch keine Tonne und/oder keinen gelben Sack zu vergessen, da sonst Kundenbeschwerden eingehen.

Zwischendurch betätigt der Lader die Müllpresse des Wagens, damit mehr Müll hineingeht.

Im Normalfall sieht der Fahrer die Stellen, an denen der Müll am Straßenrand abgestellt wurde. Sollte dies einmal nicht der Fall sein, so kann der Lader einen Klingelknopf betätigen, damit das Fahrzeug anhält.

Wenn die Tour abgearbeitet ist, wird die Ladung zur weiteren Bearbeitung zur Kippe oder Deponie gebracht. Hier wird der LKW voll und leer gewogen, damit die Menge des gesammelten Abfalls dokumentiert werden kann.

Anschließend fahren die Müllwerker zurück zum Ausgangspunkt.

(Der Job als Müllwerker ist kein Ausbildungsberuf. Er ist somit auch für Quereinsteiger geeignet. Wer allerdings ein weiter reichendes Interesse hat, kann sich zur Fachkraft für Entsorgungs- und Abfallwirtschaft ausbilden lassen.).

Textilreiniger

Wenn du...

- gerne einen warmen Arbeitsplatz hast

- teamfähig bist und kommunizieren kannst

- gleichbleibende Arbeitsabläufe magst

- Interesse an chemischen Vorgängen hast

- keine Berührungsängste hast

... dann solltest du dir den Beruf des Textilreinigers einmal genauer anschauen.

Morgens startet der Textilreiniger damit, die Waschmaschinen, Trockner und Mangel zu starten. Er öffnet alle Fenster und Türen, da es bei Betrieb aller Maschinen zu einer erhöhten Wärmeentwicklung kommt.

Dann nimmt er die Wäsche aus der Waschmaschine und gibt sie in den Trockner. Da nun die Waschmaschinen wieder frei sind, stellt er zwei neue Maschinen an. Anschließend sortiert er den nächsten Wäscheberg.

Da am Vortag noch einiges an Wäsche fertig geworden ist, liefert der Textilreiniger diese nun aus. Vor Ort angekommen, tauscht er Körbe mit frischer Wäsche gegen Körbe mit dreckiger Wäsche.

So holt er im Laufe des Tages Handtücher, Tischdecken, Bettwäsche, Gardinen und auch Bekleidung bei seinen Geschäftskunden ab, während die private Kundschaft ihre Kleidung und Wäsche persönlich in der Wäscherei abgibt.

Zurück in der Wäscherei angekommen, wird erstmal die frisch gewaschene Wäsche gefaltet, dabei sortiert und in Körbe gepackt.

Die Wäschestücke für die Mangel schlägt der Textilreiniger aus und legt sie dann nur grob zusammen in einen Korb.

Dieser geht dann rüber zur Mangel, wo jedes Wäschestück auf der einen Seite ordentlich in die Mangel eingelegt und auf der anderen Seite akkurat zusammengefaltet wird. Anschließend wandert die saubere und gemangelte Wäsche in einen Korb, der dann wieder an den Kunden ausgegeben oder ausgeliefert wird.

Stellt der Textilreiniger nach der Wäsche noch Verunreinigungen an einzelnen Wäschestücken fest, so werden diese erneut, aber diesmal von Hand und mit speziellen Reinigern gewaschen.

Da er auch Bekleidung reinigt, wird in der Wäscherei selbstverständlich auch gebügelt, damit jedes Wäschestück tip-top zurück an den Kunden geht.

Wenn der Textilreiniger viele Geschäftskunden hat, reißt der Wäsche-Strom nicht ab. Ein ständiger Wechsel zwischen Abholung, Waschen, Mangeln und Auslieferung ist dann an der Tagesordnung. Somit bleibt auch zum Feierabend hin noch genug Arbeit für den nächsten Tag.

Schornsteinfeger

Wenn du...

- körperlich fit und schwindelfrei bist

- dich gut selbst organisieren kannst

- gut kommunizieren kannst und Kundenkontakt magst

- dich auch "dreckig" wohl fühlst

- gründlich und sauber bist

... dann solltest du dir den Beruf des Schornsteinfegers einmal genauer anschauen.

Der Schornsteinfeger fährt morgens direkt zum ersten Kunden, um den Kamin zu kehren. Dazu klingelt er beim Kunden, begrüßt diesen freundlich und betritt dann das Haus. In diesem Haus wird der Kamin vom Dach aus gefegt, so dass der Schornsteinfeger mit seinem

Besen vorsichtig durch das Haus geht und dann, durch die Dachluke, auf die Sicherheitsvorrichtungen auf dem Dach tritt. Dort nimmt er Stufe um Stufe, um an den Kamin zu kommen. Dann steckt er seinen Besen in den Kamin und schiebt diesen mit Kraft nach unten. Dann zieht er ihn wieder hinauf und schiebt ihn ein zweites Mal hinein und hinab. Anschließend zieht er ihn wieder hoch und entnimmt ihn aus dem Kamin. Dann steigt er wieder vom Dach und geht im Haus hinunter bis in den Keller, wo der Kamin endet und die Reinigungsklappe zu finden ist. Diese öffnet der Schornsteinfeger vorsichtig, nachdem er einen Rußeimer untergestellt hat. Nun entnimmt er den Ruß und füllt ihn in den Eimer. Anschließend verschließt er die Klappe wieder und verlässt das Haus. Den Rußeimer entleert er draußen in die Restmülltonne des Kunden.

Dann geht er zum nächsten Kunden.

Hier steht heute die Messung der Heizung an. Dazu nimmt der Schornsteinfeger sein Messgerät mit und klingelt beim Kunden an. Dieser nimmt ihn in Empfang und hat auch gleich ein paar Fragen zur Messung und zum Energiesparen. Diese beantwortet der Schornsteinfeger gemäß den geltenden Gesetzen und Bestimmungen. Dann bringt der Kunde ihn zur Heizung, wo er die Messöffnung aufschraubt, den Fühler des Messgeräts einhängt und dann die Messung startet. Nachdem alle erforderlichen Daten ausgelesen sind, ist die Messung beendet. Der Schornsteinfeger überträgt die Daten in seinen PC, baut alles zurück und verlässt das Haus.

Im nächsten Haus steht sowohl die Kehrung als auch die Messung an. Und da es sich um einen neuen Hausbesitzer handelt, führt der Schornsteinfeger zusätzlich eine Betreiberberatung durch. In dieser erklärt er dem Kunden, wie er das Anzünden des Kamins optimieren kann, welches Holz für den Ofen geeignet ist und er misst die Restfeuchte des vorhandenen Holzes. Auch hier stellt der Kunde wieder einige Fragen und der Schornsteinfeger erklärt alles. Dann wird gefegt und gemessen.

Und so geht es weiter mit Fegen und Messen. Haus für Haus.

Zwischendurch klingelt immer wieder das Diensttelefon und der Schornsteinfeger gibt Auskünfte oder spricht Termine ab. Nebenbei verteilt er Anmeldezettel, mit denen er darauf hinweist, dass die Messung oder die Kehrung im jeweiligen Haus ansteht und der Kunde sich zwecks Terminabsprache melden soll.

Landschaftsgärtner

Wenn du...

- körperlich fit und kreativ bist

- die Natur und das Gestalten liebst

- ein gutes Vorstellungsvermögen besitzt

- gut kommunizieren kannst

- rechnen und kalkulieren kannst

... dann solltest du dir den Beruf des Landschaftsgärtners einmal genauer anschauen.

Am Morgen startet der Landschaftsgärtner damit, den Wagen mit den für den Tag benötigten Werkzeugen, Hilfsmitteln und Materialien zu laden.

Dann geht es zur Baustelle.

Aufgrund eines Schädlingsbefalles muss der Landschaftsgärtner heute einige Teilflächen des Rasens neu mit Rollrasen auslegen. Dazu bringt ein LKW die Paletten mit den Rollrasenstreifen zur Baustelle. Nachdem die Paletten abgeladen sind, wird Palette für Palette in den Garten verbracht. Dazu verlädt der Landschaftsgärtner immer jeweils 5-6 Bahnen auf eine Schubkarre und schiebt diese in den Garten. Die Wege für die Schubkarre hat er vorher mit Brettern ausgelegt, damit der Reifen wegen des Gewichts nicht einsinken kann und die nicht befallene Rasenfläche nicht beschädigt wird.

Vor Ort rollt der Landschaftsgärtner jede Bahn gekonnt aus und er achtet darauf, dass die Bahnen optimal und im Versatz liegen. Wenn nötig, kürzt er die Bahnen an der ein oder anderen Stelle mit einem Messer.

Nachdem die erste Fläche fertig ist, kümmert er sich um die weiteren Teilflächen.

Zwischendurch führt er mit den Kunden, in dessen Garten er sich befindet, zu einem weiteren Bauvorhaben ein erstes Gespräch. Der Kunde wünscht auf einer anderen Baustelle, also in einem anderen Garten, eine neu anzulegende Terrasse inklusive passender Bepflanzung. Da der Landschaftsgärtner das Grundstück und den dazugehörigen Garten kennt, hat er bereits erste Ideen für die bauliche Gestaltung und die Bepflanzung. Diese erläutert er dem Kunden. Später, im Büro, erstellt der Landschaftsgärtner eine Skizze des Gartens mit den vorgeschlagenen Ideen und einen entsprechenden Kostenvoranschlag über die zu erwartenden Kosten.

Auf der aktuellen Baustelle wird aber nach dem Fertigstellen der Rasenflächen erst noch ein neuer Baum und einige Grünpflanzen eingepflanzt.

Nach Fertigstellung aller für heute geplanten Tätigkeiten räumt der Landschaftsgärtner die Baustelle auf und bringt alles zurück in seinen Lagerraum.

Wohin es führt...

Ich hoffe, ich konnte dir mit meinen Beschreibungen der Arbeitstage, die ich erlebt habe, einen kleinen Einblick in die einzelnen Berufe geben.

Vielleicht war da ja schon ein Traumberuf für dich dabei?

Oder mehrere Jobs, die dich näher interessieren?

Dann führt es hoffentlich dazu, dass du dir einen Praktikumsplatz oder besser noch mehrere Praktikumsplätze suchst und es selbst einmal ausprobierst.

Wohin es mich führt?

Zu neuen Ufern.

Beruflich.

Aber auch privat, also in der Freizeit.

Neues ausprobieren. Neue Menschen kennenlernen. Geschichten hören. Etwas erleben.

Und immer wieder etwas dazulernen.

Neue Fähigkeiten. Neues Wissen. Hintergrundinformationen.

Denn:

Wer immer tut, was er schon kann, bleibt immer das, was er schon ist. (Henry Ford)

PS: Wenn du festgestellt hast, dass ich 42 Berufe aufgeschrieben habe, gratuliere ich dir. Du hast ein ganzes Buch aufmerksam gelesen und du kannst weiter als 10 zählen. Damit hast du definitiv die Grundvoraussetzungen, um deinen Traumberuf zu finden.)